日本の自由貿易協定(FTA)の貿易創出効果

山ノ内 健太

三菱経済研究所

はじめに

　本書は日本の自由貿易協定（FTA）が貿易に与える影響の実証分析である．世間では，FTA をはじめとする通商政策への関心が，日に日に高まっているように感じられる．昨年は，メディア上で環太平洋経済連携協定（TPP）に関する報道が日々なされ，その是非をめぐって激しい議論が展開された．TPP の将来を論ずるうえで，これまでに日本が締結した FTA の影響を参考にすることは有意義であるように思われる．実際，日本は 2017 年 2 月現在までに 17 ヵ国と 15 協定を発効させており，データは蓄積されているといえる．ところが，日本の FTA に関する評価はこれまで十分に行われていなかった．そこで本書では，FTA 締結国との貿易は本当に増加したのか，増加したとすればどの産業で増加したのか，あるいは貿易品目数は拡大したのか，貿易財の価格はどのように変化したのかといった疑問に答えたい．

　少し引いた視点からみると，近年までグローバリゼーションは非常に速いスピードで進展してきた．金融危機における一時的な落ち込みを除いて世界全体の貿易額は拡大の一途をたどり，海外直接投資や移民もまた急速に増加してきた．新興国の経済成長による恩恵を先進国が享受するうえで，グローバリゼーションが大きな役割を果たしたという見方は否定できない．

　その一方で，昨今世界的にはグローバリゼーションに強い逆風が吹いている．イギリスは欧州連合（EU）離脱を問う国民投票を実施し，僅差で離脱派が勝利した．アメリカでは新大統領にドナルド・トランプ氏が就任し，TPP からの離脱を表明した．これらの動きの背景として，グローバリゼーションは経済的な格差の拡大をもたらしたという見方があることは間違いない．グローバリゼーションと格差は，学術的にも重要なテーマであり，盛んに研究が行われている．

　こうした時局から鑑みるに，貿易への影響のみに焦点を当てているという点で，本書の分析対象が狭すぎるのではないかという批判はありうるかと思

われる．しかしながら，FTAが第一に影響を及ぼすのは貿易であり，経済成長や所得格差への効果のほとんどは何らかの形で貿易を経路としている．本書がFTAの経済全体への影響を十分に分析できているとは決して考えていないが，その端緒を開くという役割は果たしうるのではないかと思う．より詳細な分析による総合的なFTAの評価は，今後の課題としておきたい．

　本書を書きあげるうえでは多くの先生や大学での同輩のお世話になった．まずは本書を作成する機会をいただいた慶應義塾大学経済学部大山道広名誉教授にお礼申しあげたい．また，慶應義塾大学経済学部木村福成教授，大久保敏弘教授，白井義昌准教授，商学部安藤光代教授，産業研究所清田耕造教授からは貴重な助言をいただいた．記して感謝の意を示したい．ペンシルバニア州立大学大学院生の渡部雄太さん，鈴木悠太さんにも研究内容を詳細に聞いていただき，数多くの有益なコメントをいただいた．最後に，公益財団法人三菱経済研究所の滝村竜介常務理事には，原稿を詳細にお読みいただき，多くの御指摘を賜った．原稿の締め切りを何度も延期したことで御心配をおかけしたが，本書の完成を辛抱強くお待ちいただき，心から感謝している．

　2017年2月

山ノ内　健太

目　次

第1章　本書の概要と意義	1
第2章　日本のFTA	5
2.1　世界と日本のFTAの潮流	5
2.2　日本のFTAと関税構造	7
2.3　各FTAの概要	11
2.3.1　本節の概要	11
2.3.2　シンガポール	11
2.3.3　メキシコ	15
2.3.4　マレーシア	16
2.3.5　チリ	18
2.3.6　タイ	19
2.3.7　インドネシア	20
2.3.8　ブルネイ	21
2.3.9　フィリピン	22
2.3.10　ミャンマー・ラオス・カンボジア（AJCEP）	24
2.3.11　スイス	25
2.3.12　ベトナム	26
2.3.13　インド	28
2.3.14　ペルー	29
2.3.15　本節のまとめ	29
第3章　データ・基本統計量	39
3.1　データ出所	39
3.2　相手国別・部門別にみる日本の貿易	40
3.3　各FTA締結国との貿易額の推移	47
3.3.1　本節の概要	47

3.3.2	シンガポール	49
3.3.3	メキシコ	51
3.3.4	マレーシア	53
3.3.5	チリ	55
3.3.6	タイ	58
3.3.7	インドネシア	60
3.3.8	ブルネイ	62
3.3.9	ベトナム	64
3.3.10	ラオス	66
3.3.11	ミャンマー	68
3.3.12	フィリピン	71
3.3.13	スイス	73
3.3.14	カンボジア	75
3.3.15	インド	77
3.3.16	ペルー	79
3.3.17	本節のまとめ	81
3.4	FTA締結国との貿易品目数の推移	82

第4章　FTAに関する研究のレビュー　　95

第5章　グラビティモデル　　105

5.1	グラビティモデルの基礎	105
5.2	新貿易理論に基づくモデル	110
5.3	新々貿易理論に基づくモデル	113
5.4	企業間で品質の異なるモデル	119

第6章　推定方法　　125

6.1	年次貿易額の推定	125
6.2	月次貿易額の推定	129
6.3	部門別貿易額の推定	131

6.4 貿易品目数・貿易財価格の推定   132

第7章　分析結果   135

7.1 本章の概要   135

7.2 年次貿易額   136

7.3 月次貿易額   143

7.4 部門別貿易額   151

7.5 貿易品目数   155

7.6 貿易財価格   157

第8章　結論   165

参考文献   169

第1章

本書の概要と意義

21世紀に入り，世界における貿易自由化の軸足は，関税と貿易に関する一般協定（GATT）や世界貿易機関（WTO）における交渉から，二国間あるいは地域内での自由貿易協定（FTA）へと移った．日本でも2002年にシンガポールと最初のFTAを締結し，2017年2月現在までに17ヵ国を相手に15の協定を発効させている[1]．

FTAの原則は全品目の関税撤廃であり，現実にはおおむね90％以上の品目で関税が撤廃されている．また，FTAは関税以外の面でも，非関税措置の削減や貿易円滑化措置が規定されている．したがって，直観的にはFTAは日本の貿易構造に多大な影響を及ぼしているように思われる．その一方で，日本のFTAは質が低いといわれており，輸入において一部の農産品にみられる保護構造はFTAでもそのまま残されている．また，輸出に関しても，関税払い戻しなどの制度によって実質的にはすでに貿易自由化が進んでいるため，FTAによる追加的な関税の削減幅は大きくないとも考えられる．

このように，日本のFTAが貿易に及ぼす影響は定かでない．しかし，これまで行われてきた分析は，安藤・浦田（2010）のような制度面に注目した研究や，Ando and Urata（2011, 2015）のような特定のFTAに注目した研究にとどまり，貿易への包括的な影響はいまだに評価されていない．FTA発効から関税は段階的に撤廃されるため，事後的な評価を発効直後に行うことは難しい．しかし，最初のFTAの発効から10年以上も経過した今こそ，これま

---

[1] 厳密には日本が締結しているのはすべて経済連携協定（EPA）である．EPAはFTAよりも広い範囲の経済関係強化を扱った協定であり，投資規制の撤廃や人的交流の拡大なども規定されている．しかし，日本の場合は両者を区別する必要がないため，特に言及しない限り一般的に使われるFTAという言葉を用いる．

でのFTAが貿易に与えた影響を評価するタイミングではないだろうか．世界全体としてはBaier and Bergstrand（2007）のような分析が行われ，FTAによって貿易が増加することが明らかにされている．しかし，FTAの具体的な内容や発効時の経済状態は国ごとに大きく異なるため，FTAの効果も国によって大きく異なると考えられる．

　そこで本書では，個々のFTAが日本の輸出入に及ぼしてきた影響を分析し，日本のFTAが貿易に与えた影響を包括的に評価する．特に，手法面では伝統的なグラビティモデルにおけるいろいろな問題点を克服した推定方法を用い，近年の貿易論の発展に則って貿易の外延[2]といった側面にも焦点を当てる．これらの分析は，環太平洋経済連携協定（TPP）をはじめとする今後の通商政策の指針になると考えられる．

　本書の第一の貢献は，前述の通り日本のFTAの包括的な評価である．しかし，本書の分析で用いるグラビティモデルは昨今急速に発達しており，本書はそのサーベイもある程度兼ねている．残念ながら本書の研究で用いるデータは日本の輸出入を対象としており，外国間の貿易データを必要とする手法は本研究で用いられない．関心のある読者は，UN Comtradeなど世界各国の貿易をカバーするデータベースを活用し，是非とも自身で分析を行っていただきたい．その際に本書が何らかの役割を果たすことができれば幸甚の至りである．

　また，本書では，FTAの評価やグラビティモデルのサーベイだけでなく，日本の貿易に関わるデータの整理と基本的なファクトの確立も重視した．近年貿易論は急速な複雑化を遂げており，貿易額や関税のデータをそのまま目にする機会は失われているように思われる．そこで，本書では紙面に余裕のある書籍という媒体の性質を利用し，可能な限りのデータを記載した．これらは貿易論に関心のある研究者が具体的なテーマを設定する際に，資料としての役割を果たすことを想定している．

---

[2]　近年の貿易論では，貿易総額を内延と外延に分解する研究が盛んに行われている．しかし，外延・内延の意味する内容は研究によって若干異なるため，結果の解釈は慎重に行うべきである．本書では，特に言及のない限り，外延を輸出入の品目数，内延を1品目当たりの輸出入額と定義する．

本書の構成は以下の通りである．次章では日本のFTAについて概観し，関税の削減を中心にそれぞれのFTAの特徴を述べる．第3章では推定に用いるデータの出所を示し，相手国別の貿易額の推移をみる．第4章はこれまでに行われたFTAの研究を示し，本書の位置づけを明確にする．本研究で前提とするグラビティモデルの理論は第5章で示し，第6章では推定方法を説明する．推定の結果は第7章に示す．第8章は結論であり，本書の成果と今後の研究課題を述べる．

第 2 章

日本の FTA

2.1 世界と日本の FTA の潮流

GATT・WTO 体制から地域主義への転換は，1990 年代に始まったと考えられる．93 年のマーストリヒト条約発効による欧州連合（EU）の創設，94 年の北米自由貿易協定（NAFTA）発効など，先進国間で地域的な経済統合が進んだ．経済統合の潮流はさらに古くまで遡ることができるが，数が非常に少なく政治的な意味合いが強かったといえる．図 1 は WTO に報告された地域貿易協定（RTA）について，各年に発効した協定の数をカウントしたグラフである．WTO は RTA を FTA と関税同盟（CU）に分類しているが，ここでは特に両者を区別していない．図 1 から RTA の数は 90 年代から劇的に増加していることがわかる．95 年にはウルグアイラウンドでの交渉結果を受けて WTO が発足しており，世界的な自由貿易の機運が高まっていた．ところが 2001 年に開始されたドーハラウンドでの交渉は遅々として進まず，WTO は機能不全に陥っていると指摘されるようになった．各国は独自の利害を反映させられるよう，二ヵ国間もしくは少数国間で排他的ともいえる FTA を締結するようになったといえる．

近年，FTA はさらに拡張し，二ヵ国間を超えて地域内の多数国間，さらには地域間の FTA が議論されている．この新しいタイプの FTA はメガ FTA といわれ，現在 5 つの協定が交渉されている．メガ FTA の多くは関税削減のみならず制度面の統合を意図しており，国際的な生産ネットワークの発展に寄与すると考えられる．WTO を軽視した状態で制度面の擦り合わせがどこまで可能であるかは不透明だが，今後メガ FTA を中心に経済統合が進むことは想像に難くない．

5

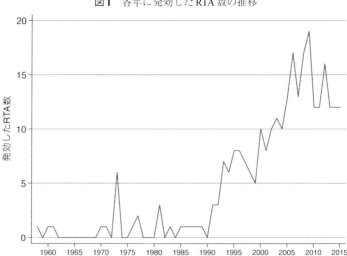

図1 各年に発効したRTA数の推移

注：WTOに報告されたRTAの数を発効年（1958年から2015年）に基づいてカウントした．
出所：WTOのRTAデータベースをもとに筆者作成

　EUやNAFTAの発足により，日本でも90年代後半からFTAによる通商戦略が模索されることとなった．日本がこれまで締結したFTAについては，相手国と交渉期間を表1にまとめている．日本にとって最初のFTAは日本・シンガポール新時代経済連携協定（JSEPA）であり，2002年11月に発効した．その後はASEANや中南米の国々を中心にFTAを締結している．2008年には初の複数国との貿易協定としてASEAN・日本包括的経済連携協定（AJCEP）が締結された．また，日本は地域的なFTAの締結では遅れを取っているものの，TPP，日中韓FTA，東アジア地域包括的経済連携（RCEP）と，メガFTAの交渉は積極的に進めている．2017年2月現在，TPPは交渉が終結し各国が批准する段階に入っているが，アメリカで次期大統領にドナルド・トランプ氏が就任し，TPPからの離脱を表明したため，TPPの発効は非常に厳しいとみられている．

第2章　日本のFTA

表1　日本のFTA締結国

| 相手国 | 二国間FTA | | | AJCEP |
	交渉開始	署名	発効	発効
シンガポール	2001年1月	2002年1月	2002年11月	2008年12月
メキシコ	2002年11月	2004年9月	2005年4月	
マレーシア	2004年1月	2005年12月	2006年7月	2009年2月
チリ	2006年2月	2007年3月	2007年9月	
タイ	2004年2月	2007年4月	2007年11月	2009年6月
インドネシア	2005年7月	2007年8月	2008年7月	
ブルネイ	2006年6月	2007年6月	2008年7月	2009年1月
ラオス				2008年12月
ミャンマー				2008年12月
ベトナム	2007年2月	2008年12月	2009年10月	2008年12月
フィリピン	2004年2月	2006年9月	2008年12月	2010年7月
スイス	2007年5月	2009年2月	2009年9月	
カンボジア				2009年12月
インド	2007年1月	2011年2月	2011年8月	
ペルー	2009年5月	2011年5月	2012年3月	
オーストラリア	2007年4月	2014年7月	2015年1月	
モンゴル	2012年6月	2015年2月	2016年6月	

出所：外務省ホームページと Ando and Urata（2015）を参考に筆者作成.

2.2　日本のFTAと関税構造

　日本が締結したFTA全体に共通する特徴が，関税削減面での質の低さである．もともとFTAはWTO協定に含まれるGATTの最恵国待遇（MFN）原則に反するが，GATT24条は「実質上のすべての貿易」で関税が撤廃される場合にのみ，差別的な税率の適用を認めると規定している[3].　しかし，「実質上のすべての貿易」の具体的な条件については，国際的な合意に達していない．

---

[3]　ただし，途上国間では授権条項によるFTAも認められており，その場合には「実質上のすべての貿易」の関税撤廃は条件とならない.

7

日本は「実質上のすべての貿易」の条件を貿易額で加重して90％以上とすべきであると主張しており，確かに日本のFTAはこの基準を満たしている．しかし，日本は強く保護する農産品をほとんど輸入していないため，単純な品目数でカウントした場合，関税撤廃はどのFTAでも90％に満たない[4]．日本のFTAが貿易額を増加させていない可能性は十分にあり，質の低いFTAでも貿易を増加させる効果がみられるかどうかは検討すべき問題である．

　表2には部門別に日本の関税構造を示している[5]．貿易品目や関税の情報は，国際連合貿易開発会議（UNCTAD）のTrade Analysis Information System（TRAINS）をWorld Integrated Trade Solution（WITS）のウェブサイトから入手し，部門別に集計した．なお，表2は2014年を対象としているが，2000年から2014年までの間に日本はMFN関税率をほとんど変化させていない．表2から，日本は農林水産品や飲食料品を高い関税率で保護していることがわかる．また，皮革・毛皮製品や繊維製品，履物・帽子，武器類の関税率も高い．全9350品目の単純平均MFN関税率は4.76％であるのに対し，動物性生産品，植物性生産品，油脂・ろう，飲食料品，皮革・毛皮製品，履物・帽子の6部門の単純平均MFN関税率は10.15％である．無税品目の割合も，全部門の39.94％に対して関税率の高い6部門では19.21％であり，無税品目は他部門の半分程度といえる．さらに，非従価関税品目の割合は全部門で6.77％だが，これら6部門では12.35％であり，強く保護された部門では従価関税である品目の数が相対的に少なく，実際の関税による保護は表2に示したMFN平均関税率以上に大きな差があると思われる．逆に，鉱物性生産品やパルプ・紙，金属製品，機械類では，ほとんどの品目に関税がかかっていない．したがって，FTAを締結しても関税を引き下げる余地がなく，FTAがこれらの部門の輸入に直接的に及ぼす影響は非常に小さいと考えられる．

　表3は高関税率6部門と全22部門について，日本の2014年の関税削減除

---

[4]　たとえば，日本マレーシアEPAの場合，2004年の貿易額・品目分類に基づいて輸入額で加重すると日本は94％分の関税を撤廃しているが，単純な品目数では87％にすぎない．

[5]　部門の定義については第3章で述べるが，基本的にはHS2桁に基づいて品目を分類した「部」に相当する．

第 2 章　日本の FTA

表 2　日本の関税構造と MFN 関税率（2014 年）

部門ID	部門名	全品目数	MFN無税品目(%)	非従価関税品目(%)	MFN平均関税率(%)
1	動物性生産品	783	17.37	9.83	8.37
2	植物性生産品	627	31.10	10.85	6.29
3	油脂・ろう	91	26.37	40.66	3.34
4	飲食料品	827	10.76	14.99	14.61
5	鉱物性生産品	256	67.97	14.06	0.70
6	化学製品	1071	36.88	0.56	2.28
7	プラスチック・ゴム製品	296	34.80	2.03	2.37
8	皮革・毛皮製品	225	28.89	0.00	10.95
9	木材製品	265	35.85	0.00	3.37
10	パルプ・紙	166	100.00	0.00	0.00
11	繊維製品	1977	4.55	10.88	6.76
12	履物・帽子など	128	4.69	19.53	14.65
13	土石製品	163	60.74	0.00	1.19
14	貴石・貴金属	79	72.15	0.00	1.34
15	金属製品	844	71.92	4.38	0.82
16.1	一般機械	588	100.00	0.00	0.00
16.2	電気機械	330	97.88	0.00	0.08
17	輸送機器	145	99.31	0.00	0.06
18	精密機械	271	96.68	0.00	0.24
19	武器	22	0.00	0.00	6.93
20	雑品	189	57.67	1.06	1.67
21	美術品	7	100.00	0.00	0.00
	高関税率6部門計	2681	19.21	12.35	10.15
	全22部門計	9350	39.94	6.77	4.76

注 1：MFN 無税品目，非従価関税品目は全品目数に対する割合である．
注 2：MFN 平均関税率は従価関税品目のみの単純平均である．
注 3：高関税率 6 部門は，動物性生産品，植物性生産品，油脂・ろう，飲食料品，皮革・毛皮製品，履物・帽子などの 6 部門を指す．
出所：UNCTAD の TRAINS データベースより筆者作成

外品目数と FTA 平均関税率を相手国ごとにまとめたものである．FTA で関税の削減されていない品目は，MFN 関税率と FTA 関税率に差がない品目数の全品目数に対する割合であり，将来的な税率の削減が定められている品目も含んでいる点には注意されたい．

　表 2 の高関税率 6 部門の平均 MFN 関税率は 10.15％であったのに対し，表 3 では FTA 相手国からの輸入には単純平均で 7％前後の関税がかけられている．全 22 部門の MFN 平均関税率が 4.76％であり，FTA 平均関税率が 2％前後と半減することを考えると，MFN で高関税率の部門は，FTA においても

9

表3　日本のFTA関税率（2014年）

相手国	高関税率6部門		全22部門	
	FTAで関税が削減されていない品目(%)	FTA平均関税率(%)	FTAで関税が削減されていない品目(%)	FTA平均関税率(%)
シンガポール	48.71	7.64	15.01	2.11
メキシコ	52.00	7.66	15.86	2.12
マレーシア	42.86	6.76	13.03	1.86
チリ	46.14	7.29	14.21	2.02
タイ	40.77	6.73	12.61	1.86
インドネシア	46.29	7.42	14.02	2.04
ブルネイ	51.36	8.10	15.70	2.24
フィリピン	36.52	6.57	11.34	1.82
スイス	45.84	7.90	14.31	2.19
ベトナム	41.29	7.39	12.68	2.04
インド	46.40	8.24	14.22	2.29
ペルー	40.51	7.76	12.51	2.15
AJCEP	40.47	7.38	12.41	2.04

注1：関税が削減されていない品目は，全品目数に対する割合であり，FTA税率を
　　　MFN税率と比較して判断した．
注2：FTA平均関税率は，MFN関税とFTA関税がともに従価税である品目のみの単
　　　純平均を取っている．
注3：高関税率6部門は，動物性生産品，植物性生産品，油脂・ろう，飲食料品，皮革・
　　　毛皮製品，履物・帽子などの6部門を指す．
出所：UNCTADのTRAINSデータベースより筆者作成

関税率が高いといえる．また，関税率をまったく引き下げていない品目の大
半は，この高関税率部門に属していることもわかる．MFNで保護されてい
る品目は，FTAでもほとんど開放されていないといえる．

　なお，日本のFTAには，関税以外の面で貿易の円滑化を意図した規定も
含まれている．どのFTAにも共通する内容としては，情報通信技術の活用
や税関手続の簡素化による貿易円滑化があげられる．また，強制規格，任意
規格および適合性評価手続や衛生植物検疫措置を扱っているFTAも多い．
さらに，本書の対象である物品の貿易には直接的に関わらないが，投資や知
的財産権，サービス貿易の章も，ほとんどのFTAで設けられている．

第 2 章　日本の FTA

2.3　各 FTA の概要

2.3.1　本節の概要

　本節では日本の各 FTA に関して，関税を中心に特徴を述べる．FTA の内容に関しては，外務省ウェブサイトの資料を参考にした[6]．日本の関税データは表 4 から表 7 であり，表 4 と表 5 は各 FTA で関税を引き下げていない品目の割合，表 6 と表 7 は FTA 平均関税率をそれぞれ部門別に示した．

　次小節からはそれぞれの FTA を個別に論じるが，各 FTA 締結相手国の関税は，表 8 から表 16 と附表 1 から附表 8 に示している．データは日本の場合と同様に TRAINS を用いている．TRAINS では，国や協定ごとにデータの入手可能な年が異なっており，日本との FTA の関税率がまったく入手できない国もある．具体的には，インドネシア，ラオス，ミャンマー，カンボジア，インド，ペルーは，信頼できる FTA 関税率のデータが入手できなかった．逆に入手可能な年が複数ある場合，日本との FTA 発効に最も近い年と最新年の 2 年分を選択した．FTA の関税削減・撤廃には，段階的な措置が定められているためである．表 8 から表 16 は最新年の情報であり，附表 1 から附表 8 には FTA 発効に最も近い年の情報を示した．

　また，AJCEP における日本側の関税の情報は，第 2.3.10 節においてミャンマー・ラオス・カンボジアとの FTA として表した．AJCEP における ASEAN 各国の関税は，各相手国の節にそれぞれ示している．ただし，AJCEP の関税率を扱うのは，シンガポールとブルネイ以外の国の最新年のみである．

2.3.2　シンガポール

　JSEPA は日本にとって最初の FTA である．1999 年 12 月に専門家の検討会合を設立することで両国が合意したのが始まりであり，交渉は 2001 年 1 月に開始された．その後 4 回の本交渉と 12 回の非公式協議を経て 2001 年 10 月には大筋合意に至った．署名は 2002 年 1 月に行われ，2002 年 11 月 30 日に発効し

---

[6]　各 FTA の概要や協定本文は，下記の外務省ウェブサイトから入手可能である．
http://www.mofa.go.jp/mofaj/gaiko/fta/

表4 日本が各FTA相手国に対して関税を引き下げていない品目の割合1 (2014年)

相手国	22部門計	1 動物性生産品	2 植物性生産品	3 油脂·ろう	4 飲食料品	5 鉱物性生産品	6 化学製品	7 プラスチック·ゴム製品	8 皮革·毛皮製品	9 木材製品	10 パルプ·紙	11 繊維製品
シンガポール	15.01	58.24	22.01	41.76	50.30	7.81	0.93	1.69	70.67	16.98	0.00	0.46
メキシコ	15.86	46.36	48.17	60.44	62.03	0.39	3.08	0.00	39.56	17.74	0.00	0.40
マレーシア	13.03	57.34	21.37	40.66	49.58	7.03	0.84	0.00	26.22	12.83	0.00	0.40
チリ	14.21	58.37	23.29	42.86	57.07	7.03	0.84	0.00	27.11	20.38	0.00	0.40
タイ	12.61	53.90	21.21	37.36	46.07	9.38	0.84	0.00	27.11	16.98	0.00	0.40
インドネシア	14.02	59.90	21.05	42.86	58.04	7.03	0.84	0.00	26.22	12.83	0.00	0.40
ブルネイ	15.70	58.75	22.01	41.76	58.65	8.20	0.84	0.00	69.78	16.98	0.00	0.40
フィリピン	11.34	46.23	20.10	38.46	40.51	7.03	0.65	0.00	26.22	16.98	0.00	0.40
スイス	14.31	64.50	22.97	41.76	51.39	10.94	1.31	0.00	26.22	22.26	0.00	0.40
ベトナム	12.68	53.90	21.69	41.76	47.88	10.94	0.84	0.00	26.22	12.83	0.00	0.40
インド	14.22	57.98	22.97	41.76	56.47	8.20	0.93	0.00	26.22	15.09	0.00	0.40
ペルー	12.51	46.74	21.53	39.56	54.06	8.20	0.84	0.00	32.00	15.85	0.00	0.40
AJCEP	12.41	54.28	21.37	39.56	45.83	11.33	0.75	0.00	26.22	11.32	0.00	0.40

注1：関税が削減されていない品目数の全品目数に対する割合をパーセントで示して
いる.
注2：関税が削減されているかどうかは，FTA税率をMFN税率と比較して判断した.
出所：UNCTADのTRAINSデータベースより筆者作成

表5 日本が各FTA相手国に対して関税を引き下げていない品目の割合2 (2014年)

相手国	22部門計	12 履物·帽子など	13 土石製品	14 貴石·貴金属	15 金属製品	16.1 一般機械	16.2 電気機械	17 輸送機器	18 精密機械	19 武器	20 雑品	21 美術品
シンガポール	15.01	77.34	0.00	1.27	0.00	0.00	0.00	0.00	1.11	4.55	1.59	0.00
メキシコ	15.86	56.25	0.00	0.00	0.00	0.00	0.00	0.00	0.00	0.00	0.00	0.00
マレーシア	13.03	46.88	0.00	0.00	0.00	0.00	0.00	0.00	0.00	0.00	0.00	0.00
チリ	14.21	48.44	0.00	0.00	0.36	0.00	0.00	0.00	0.00	0.00	0.00	0.00
タイ	12.61	48.44	0.00	0.00	0.00	0.00	0.00	0.00	0.00	0.00	0.00	0.00
インドネシア	14.02	48.44	0.00	0.00	0.12	0.00	0.00	0.00	0.00	0.00	0.00	0.00
ブルネイ	15.70	77.34	1.23	0.00	0.00	0.00	0.00	0.00	1.11	0.00	1.59	0.00
フィリピン	11.34	48.44	0.00	0.00	0.36	0.00	0.00	0.00	0.00	0.00	0.00	0.00
スイス	14.31	45.31	0.00	0.00	0.00	0.00	0.00	0.00	0.00	0.00	0.00	0.00
ベトナム	12.68	43.75	0.00	0.00	0.00	0.00	0.00	0.00	0.00	0.00	0.00	0.00
インド	14.22	64.06	0.00	0.00	0.83	0.00	0.00	0.00	0.00	0.00	0.00	0.00
ペルー	12.51	48.44	0.00	0.00	0.47	0.00	0.00	0.00	0.00	0.00	0.00	0.00
AJCEP	12.41	40.63	0.00	0.00	0.00	0.00	0.00	0.00	0.00	0.00	0.00	0.00

注1：関税が削減されていない品目数の全品目数に対する割合をパーセントで示して
いる.
注2：関税が削減されているかどうかは，FTA税率をMFN税率と比較して判断した.
出所：UNCTADのTRAINSデータベースより筆者作成

ている．正式な交渉の開始から発効までわずか2年弱であり，後のFTAと比
較して交渉はスムーズに進んだといえる．短期間で交渉を終えることに両国
が合意しており，さらにシンガポールはアルコール飲料を除いてすべての品
目に関税をかけていなかったことが早期の妥結につながったと考えられる．
また，JSEPAでは，貿易取引文書の電子化における協力が定められている．
　JSEPAにおいて日本は鉱工業品の多くで関税を撤廃したが，農林水産品や
飲食料品の関税引き下げには一切応じなかった．しかし，その後改正交渉が

表6 日本の各FTA相手国に対するFTA平均関税率1 (2014年)

相手国	22部門計	1 動物性生産品	2 植物性生産品	3 油脂・ろう	4 飲食料品	5 鉱物性生産品	6 化学製品	7 プラスチック・ゴム製品	8 皮革・毛皮製品	9 木材製品	10 パルプ・紙	11 繊維製品
シンガポール	2.11	7.03	2.98	1.42	10.50	0.00	0.07	0.07	10.93	1.16	0.00	0.00
メキシコ	2.12	6.29	4.81	3.21	11.05	0.00	0.14	0.00	8.00	1.21	0.00	0.00
マレーシア	1.86	6.97	2.77	1.33	10.07	0.00	0.00	0.00	4.44	0.91	0.00	0.00
チリ	2.02	7.16	3.08	1.49	11.29	0.00	0.07	0.01	4.73	1.47	0.00	0.00
タイ	1.86	6.83	2.87	1.21	9.92	0.00	0.07	0.00	4.75	1.28	0.00	0.00
インドネシア	2.04	7.14	3.11	1.53	11.59	0.10	0.07	0.01	4.99	0.91	0.00	0.00
ブルネイ	2.24	7.13	3.25	1.47	11.72	0.02	0.07	0.02	10.90	1.27	0.00	0.00
フィリピン	1.82	6.41	2.87	1.23	9.58	0.00	0.05	0.01	5.29	1.31	0.00	0.00
スイス	2.19	7.71	3.72	1.66	11.66	0.00	0.09	0.05	6.22	1.43	0.00	0.00
ベトナム	2.04	6.93	3.49	1.60	11.10	0.00	0.07	0.01	5.79	1.21	0.00	0.00
インド	2.29	7.69	4.11	1.61	12.45	0.22	0.09	0.03	6.26	1.42	0.00	0.00
ペルー	2.15	7.00	3.77	1.63	11.79	0.00	0.07	0.01	6.54	1.47	0.00	0.00
AJCEP	2.04	7.18	3.41	1.46	10.89	0.02	0.07	0.02	5.82	1.36	0.00	0.00

注1：各FTAにおいてMFNとFTAの両方が従価関税である品目のみの単純平均を示している.
注2：FTA適用除外品目にはMFN関税率を用いた.
出所：UNCTADのTRAINSデータベースより筆者作成

表7 日本の各FTA相手国に対するFTA平均関税率2 (2014年)

相手国	22部門計	12 履物・帽子など	13 土石製品	14 貴石・貴金属	15 金属製品	16.1 一般機械	16.2 電気機械	17 輸送機器	18 精密機械	19 武器	20 雑品	21 美術品
シンガポール	2.11	13.66	0.00	0.07	0.00	0.00	0.00	0.00	0.13	0.37	0.08	0.00
メキシコ	2.12	11.02	0.00	0.00	0.00	0.00	0.00	0.00	0.00	0.00	0.00	0.00
マレーシア	1.86	12.36	0.00	0.00	0.00	0.00	0.00	0.00	0.00	0.00	0.00	0.00
チリ	2.02	12.42	0.00	0.05	0.00	0.00	0.00	0.00	0.00	0.00	0.00	0.00
タイ	1.86	12.42	0.00	0.00	0.00	0.00	0.00	0.00	0.00	0.00	0.00	0.00
インドネシア	2.04	12.57	0.01	0.07	0.00	0.00	0.00	0.00	0.01	0.08	0.01	0.00
ブルネイ	2.24	13.66	0.09	0.12	0.00	0.00	0.00	0.00	0.13	0.05	0.08	0.00
フィリピン	1.82	12.84	0.01	0.05	0.00	0.00	0.00	0.00	0.01	0.00	0.02	0.00
スイス	2.19	13.05	0.03	0.03	0.00	0.00	0.00	0.00	0.03	0.00	0.03	0.00
ベトナム	2.04	13.02	0.03	0.00	0.00	0.00	0.00	0.00	0.05	0.00	0.03	0.00
インド	2.29	13.58	0.06	0.09	0.02	0.00	0.00	0.00	0.07	0.00	0.04	0.00
ペルー	2.15	13.00	0.04	0.09	0.00	0.00	0.00	0.00	0.03	0.00	0.03	0.00
AJCEP	2.04	12.92	0.02	0.06	0.00	0.00	0.00	0.00	0.05	0.00	0.02	0.00

注1：各FTAにおいてMFNとFTAの両方が従価関税である品目のみの単純平均を示している.
注2：FTA適用除外品目にはMFN関税率を用いた.
出所：UNCTADのTRAINSデータベースより筆者作成

行われ，2007年9月に改正議定書が発効した結果，マンゴーやドリアンといった一部の農産品に関して関税の削減や撤廃が行われることとなった．日本とシンガポールの間には，さらにAJCEPが発効している．

　シンガポールの関税は表8と附表1である．2015年が表8で2005年が附表1だが，どちらの年でも前述の通りシンガポールのMFN有税品目はアルコール飲料のみである．ただし，2015年で6品目あるアルコール飲料の関税率は，アルコール分量1リットルにつき8シンガポールドルまたは16シンガポール

表8 日本シンガポールEPAの関税構造

部門ID	部門名	2015年					
		全品目数	MFN無税品目(%)	FTAで関税が削減されていない品目(%)	非従価関税品目(%)	MFN平均関税率(%)	FTA平均関税率(%)
1	動物性生産品	521	100.00	0.00	0.00	0.00	0.00
2	植物性生産品	474	100.00	0.00	0.00	0.00	0.00
3	油脂・ろう	156	100.00	0.00	0.00	0.00	0.00
4	飲食料品	443	98.65	0.00	1.35	0.00	0.00
5	鉱物性生産品	204	100.00	0.00	0.00	0.00	0.00
6	化学製品	1157	100.00	0.00	0.00	0.00	0.00
7	プラスチック・ゴム製品	480	100.00	0.00	0.00	0.00	0.00
8	皮革・毛皮製品	100	100.00	0.00	0.00	0.00	0.00
9	木材製品	157	100.00	0.00	0.00	0.00	0.00
10	パルプ・紙	269	100.00	0.00	0.00	0.00	0.00
11	繊維製品	1079	100.00	0.00	0.00	0.00	0.00
12	履物・帽子など	74	100.00	0.00	0.00	0.00	0.00
13	土石製品	215	100.00	0.00	0.00	0.00	0.00
14	貴石・貴金属	81	100.00	0.00	0.00	0.00	0.00
15	金属製品	909	100.00	0.00	0.00	0.00	0.00
16.1	一般機械	1269	100.00	0.00	0.00	0.00	0.00
16.2	電気機械	798	100.00	0.00	0.00	0.00	0.00
17	輸送機器	565	100.00	0.00	0.00	0.00	0.00
18	精密機械	329	100.00	0.00	0.00	0.00	0.00
19	武器	27	100.00	0.00	0.00	0.00	0.00
20	雑品	239	100.00	0.00	0.00	0.00	0.00
21	美術品	12	100.00	0.00	0.00	0.00	0.00
	22部門計	9558	99.94	0.00	0.06	0.00	0.00

注1：MFN無税品目は，全品目数に対する割合である．
注2：関税が削減されていない品目は，全品目数に対する割合であり，FTA税率を
　　MFN税率と比較して判断した．
注3：非従価関税品目は，MFN関税とFTA関税のどちらかが従価関税でない品目の
　　全品目数に対する割合である．
注4：MFN平均関税率，FTA平均関税率は，MFNとFTAの両方で従価関税である品
　　目のみの単純平均である．FTA適用除外品目にはMFN関税率を用いている．
出所：UNCTADのTRAINSデータベースより筆者作成

ドルであり，従価関税でないため飲食料品部門のMFN平均関税率には現れ
ていない．FTAによってアルコール飲料の関税は撤廃され，日本からシンガ
ポールへの輸出は全品目で無税となっている．

　表4から表7は，日本の関税削減されていない品目の割合とFTAでの平均
関税率を部門別に示した．2014年には改正議定書による農産品の関税削減
がみられるが，農産品や飲食料品の関税をほとんど引き下げていないことに
変わりはない．他のFTAと比べた場合，皮革・毛皮製品や履物・帽子など
で関税を削減していない品目が多く，FTA関税率も相対的に高いといえる．

2.3.3 メキシコ

日本・メキシコ経済連携協定は，2002年10月に交渉が開始され，2005年4月に発効した．日本は肉類とオレンジに特恵輸入枠を設定し，JSEPAでは行われなかった農産品の部分的な開放が実現した[7]．メキシコ側は鉄鋼製品と自動車などの関税を撤廃している．さらに2012年4月には改正議定書が発効し，肉類やオレンジでは割当数量の拡大や枠内税率の削減に至った．改正議定書では，原産地規則に関して認定輸出者による自己証明制度が導入されている．

表9は2014年におけるメキシコの関税削減品目数とMFN・FTAでの平均関税率を示している．2006年に関しては附表2を参照されたい．附表2の2006年時点において，メキシコは全品目平均12.33％の高い関税率を課しており，特に飲食料品や繊維製品，輸送機械は非常に高い関税によって保護されていた．しかしその後自由化が進み，鉱工業品を中心とする多くの部門でMFN平均関税率は大きく低下した．日本とのFTAでは，早い段階で農水産品や飲食料品の関税を引き下げており，2006年時点での特恵マージンは大きいが，2014年でもこれらの関税率は高いまま維持されている．一方で化学製品や金属製品，機械類は，2014年時点で多くの品目の関税が撤廃されている．

表4から表7より，2014年のデータでも平均関税率は高いままであり，全体として農水産品や飲食料品には強い保護が残っていることがわかる．他のFTAと比較すると，動物性生産品の平均FTA関税率は低いが，植物性生産品や油脂・ろう，飲食料品に関しては，関税を引き下げていない品目が多く，平均関税率も高くなっている．また，皮革・毛皮製品の関税も，削減幅は比較的小さいといえる．

---

[7]　鶏肉，牛肉，オレンジ生果に関する3年目以降の枠内関税率は，追加議定書によって定められた．

表9 日本メキシコ EPA の関税構造

部門ID	部門名	2014年					
		全品目数	MFN無税品目(%)	FTAで関税が削減されていない品目(%)	非従価関税品目(%)	MFN平均関税率(%)	FTA平均関税率(%)
1	動物性生産品	439	11.39	35.31	1.59	23.94	12.18
2	植物性生産品	518	19.88	34.36	1.74	12.95	5.85
3	油脂・ろう	72	20.83	58.33	0.00	13.33	11.39
4	飲食料品	357	5.04	45.10	13.17	20.65	9.44
5	鉱物性生産品	212	96.23	0.00	0.00	0.27	0.00
6	化学製品	2864	79.75	0.80	0.49	1.40	0.02
7	プラスチック・ゴム製品	566	61.66	0.00	0.18	3.88	0.00
8	皮革・毛皮製品	124	74.19	3.23	0.81	4.80	0.49
9	木材製品	187	35.29	3.74	0.00	6.69	0.26
10	パルプ・紙	311	58.52	0.64	0.64	2.77	0.00
11	繊維製品	1251	12.71	0.00	0.00	12.22	0.00
12	履物・帽子など	102	17.65	13.73	0.00	14.80	2.84
13	土石製品	310	52.26	0.00	0.00	5.71	0.00
14	貴石・貴金属	65	72.31	0.00	0.00	3.31	0.00
15	金属製品	1268	75.55	0.24	0.00	2.65	0.13
16.1	一般機械	1458	75.45	0.00	0.00	3.06	0.00
16.2	電気機械	1027	77.90	0.00	0.00	2.43	0.00
17	輸送機器	402	49.75	4.48	0.00	7.57	1.01
18	精密機械	449	71.05	0.00	0.00	2.72	0.00
19	武器	33	6.06	0.00	0.00	11.21	0.00
20	雑品	244	28.28	0.00	0.00	9.36	0.02
21	美術品	14	100.00	0.00	0.00	0.00	0.00
	22部門計	12273	58.75	4.95	0.66	5.68	1.07

注1：MFN無税品目は，全品目数に対する割合である．
注2：関税が削減されていない品目は，全品目数に対する割合であり，FTA税率を
　　　MFN税率と比較して判断した．
注3：非従価関税品目は，MFN関税とFTA関税のどちらかが従価関税でない品目の
　　　全品目数に対する割合である．
注4：MFN平均関税率，FTA平均関税率は，MFNとFTAの両方で従価関税である品
　　　目のみの単純平均である．FTA適用除外品目にはMFN関税率を用いている．
出所：UNCTADのTRAINSデータベースより筆者作成

2.3.4　マレーシア

　日本・マレーシア経済連携協定は2004年1月に交渉が開始され，2005年5
月の大筋合意を経て2006年7月13日に発効した．2004年の貿易額と品目分
類に基づくと，日本は輸入額で94％，品目数で87％の関税を撤廃している．
日本からの輸出品では鉄鋼や自動車，リンゴやなしなどの温帯果実の関税が
削減・撤廃され，輸入品ではマンゴーやドリアンなどの熱帯果実，合板以外
の林産品の関税が即時撤廃となった．また，マレーシアとの間には2009年2
月にAJCEPが発効し，利用するFTAを選択できるようになった．

　附表3と表10は2009年と2014年におけるマレーシアの関税率である．
2014年は二国間FTAとAJCEPの両者を記載しているが，2009年はデータの

第2章　日本のFTA

表10　日本マレーシアEPA・AJCEPの関税構造

| 部門ID | 部門名 | 全品目数 | MFN無税品目(%) | 2014年 | | | | | |
| | | | | FTAで関税が削減されていない品目(%) | | 非従価関税品目(%) | MFN平均関税率(%) | FTA平均関税率(%) | |
				二国間FTA	AJCEP			二国間FTA	AJCEP
1	動物性生産品	478	89.12	4.60	4.39	0.00	2.14	1.66	1.65
2	植物性生産品	399	74.94	2.01	2.26	5.26	2.42	0.79	1.15
3	油脂・ろう	171	58.48	0.00	0.00	0.00	2.61	0.00	0.07
4	飲食料品	478	65.90	12.13	12.13	12.13	2.53	0.00	0.51
5	鉱物性生産品	202	87.62	0.00	2.97	0.00	1.41	0.15	0.73
6	化学製品	1025	86.63	0.10	0.78	0.10	1.98	0.23	0.93
7	プラスチック・ゴム製品	562	28.65	1.42	4.27	0.00	13.39	1.92	5.73
8	皮革・毛皮製品	80	96.25	0.00	0.00	0.00	0.38	0.00	0.15
9	木材製品	1511	91.99	0.00	0.00	0.00	1.40	0.00	0.15
10	パルプ・紙	294	38.78	0.68	0.34	0.34	10.31	0.12	1.94
11	繊維製品	1023	48.48	0.59	0.00	0.00	6.44	0.06	0.02
12	履物・帽子など	71	60.56	0.00	0.00	0.00	6.30	0.27	2.04
13	土石製品	188	26.06	0.00	0.00	0.00	17.26	0.55	5.32
14	貴石・貴金属	58	93.10	0.00	0.00	0.00	0.43	0.00	0.00
15	金属製品	823	33.05	1.46	16.04	0.12	9.32	1.30	4.24
16.1	一般機械	689	70.68	0.00	1.89	0.15	4.80	0.00	1.15
16.2	電気機械	451	67.18	0.44	3.77	0.00	5.33	0.10	1.79
17	輸送機器	422	23.70	0.00	26.07	0.00	17.32	1.86	10.09
18	精密機械	244	92.21	0.00	0.00	0.00	0.84	0.00	0.14
19	武器	22	9.09	90.91	90.91	0.00	13.64	13.64	13.64
20	雑品	213	44.60	0.47	0.00	0.00	9.48	0.09	0.92
21	美術品	8	75.00	0.00	0.00	0.00	1.25	0.00	0.00
	22部門計	9412	64.59	1.49	4.45	0.88	5.57	0.52	1.89

注1：MFN無税品目は，全品目数に対する割合である．
注2：関税が削減されていない品目は，全品目数に対する割合であり，FTA税率を
　　　MFN税率と比較して判断した．
注3：非従価関税品目は，MFN関税とFTA関税のどちらかが従価関税でない品目の
　　　全品目数に対する割合である．
注4：MFN平均関税率，FTA平均関税率は，MFNとFTAの両方で従価関税である品
　　　目のみの単純平均である．FTA適用除外品目にはMFN関税率を用いている．
出所：UNCTADのTRAINSデータベースより筆者作成

制約により二国間FTAのみの関税率を示している．マレーシアの関税率は
プラスチック・ゴム製品やパルプ・紙，土石製品，金属製品，輸送機器・武
器について高い．附表3の2009年は二国間FTA発効後の初期段階であり，
繊維製品の特恵マージンが大きい．しかし，その後マレーシアの繊維製品に
おけるMFN平均関税率は大きく低下したため，2014年に日本はプラスチッ
ク・ゴム製品や土石製品，輸送機器で大きな特恵マージンを獲得している．
AJCEPでもこの傾向は変わらないが，二国間FTAに比べてAJCEPの関税率
は高くなっている．
　表4から表7に示した日本の関税率より，2014年でも全体として農産品の
関税率は高いまま残されているが，他のFTAに比べて植物性生産品や飲食
料品の関税率は若干低いことがわかる．また，皮革・毛皮製品の関税削減は

大きく進んでいる．木材製品も多くの品目で関税を引き下げており，削減幅が他のFTAに比べて大きいことも重要な特徴としてあげられる．

2.3.5　チリ

　日本・チリ経済連携協定は，日本が初めて南米の国と締結したFTAである．チリは積極的に貿易自由化を進めている国であり，日本とFTAを締結した時点では，すでにアメリカ，EU，中国など40ヵ国以上とFTAを発効させていた．日本とチリの正式な交渉は2006年2月に始まり，2007年3月に署名され9月に発効した．交渉期間は他のFTAと比べて短いといえる．チリは一部の無税品目を除いて全品目一律に6%のMFN関税を課しており，日

表11　日本チリ EPA の関税構造

部門ID	部門名	2015年					
		全品目数	MFN無税品目(%)	FTAで関税が削減されていない品目(%)	非従価関税品目(%)	MFN平均関税率(%)	FTA平均関税率(%)
1	動物性生産品	742	0.00	29.78	0.00	6.00	1.92
2	植物性生産品	704	0.00	14.20	0.00	6.00	0.99
3	油脂・ろう	68	0.00	16.18	0.00	6.00	0.97
4	飲食料品	467	0.00	40.69	0.00	6.00	2.91
5	鉱物性生産品	195	0.00	0.51	0.00	6.00	0.09
6	化学製品	1219	0.00	0.08	0.00	6.00	0.06
7	プラスチック・ゴム製品	295	0.00	0.00	0.00	6.00	0.10
8	皮革・毛皮製品	74	0.00	0.00	0.00	6.00	0.03
9	木材製品	137	0.00	2.19	0.00	6.00	0.17
10	パルプ・紙	200	2.00	0.00	0.00	5.88	0.00
11	繊維製品	949	0.00	0.11	0.00	6.00	0.01
12	履物・帽子など	60	0.00	3.33	0.00	6.00	0.40
13	土石製品	166	0.00	0.00	0.00	6.00	0.50
14	貴石・貴金属	56	0.00	0.00	0.00	6.00	0.08
15	金属製品	613	0.00	1.14	0.00	6.00	0.16
16.1	一般機械	657	0.15	0.00	0.00	5.99	0.00
16.2	電気機械	385	0.26	0.00	0.00	5.98	0.00
17	輸送機器	326	8.90	0.00	0.00	5.47	0.00
18	精密機械	247	0.00	0.00	0.00	6.00	0.00
19	武器	21	0.00	0.00	0.00	6.00	0.00
20	雑品	200	0.00	0.00	0.00	6.00	0.00
21	美術品	7	0.00	0.00	0.00	6.00	0.00
	22部門計	7788	0.45	6.90	0.00	5.97	0.50

注1：MFN無税品目は，全品目数に対する割合である．
注2：関税が削減されていない品目は，全品目数に対する割合であり，FTA税率をMFN税率と比較して判断した．
注3：非従価関税品目は，MFN関税とFTA関税のどちらかが従価関税でない品目の全品目数に対する割合である．
注4：MFN平均関税率，FTA平均関税率は，MFNとFTAの両方で従価関税である品目のみの単純平均である．FTA適用除外品目にはMFN関税率を用いている．
出所：UNCTADのTRAINSデータベースより筆者作成

本とのFTAでは自動車や機械類を中心に多くの品目で関税を撤廃した．日本はチリからの精製銅やギンザケ・マス，ワインボトルに対して関税の段階的撤廃を行い，肉類に関しては特恵関税の割当を設定した．2005年基準で輸入額の90.5％が無税となっている．

表11と附表4にはチリの関税をまとめており，表11が2015年，附表4が2008年である．前述の通り無税品目を除いてMFN関税率は6％であり，FTAによって段階的に引き下げられた結果として，2015年にはほとんどの品目の関税が撤廃されている．関税が残っているのは，農水産品と飲食料品である．

また，表4から表7は，2014年の日本側の関税率である．これらの表から，他のFTAと同様に鉱工業品の大部分は無税となっているが，農林水産品や飲食料品はあまり関税が削減されていないとわかる．特に飲食料品や木材製品で関税を引き下げている品目が他のFTAよりも少ない．逆に皮革・毛皮製品はFTAの平均関税率が若干低くなっている．

2.3.6 タイ

日本にとってタイはASEANの中で最大の貿易相手国である．2004年2月にFTA交渉が開始され，2005年9月には大筋合意に至った．2006年9月にタイではクーデターがあったものの，日本・タイ経済連携協定は2007年11月に発効している．タイ側の主要な関税撤廃品目は自動車部品や鉄鋼製品であり，完成車に関しても関税の段階的削減が行われた．ただし，完成車は一部の品目で80％の税率が60％になった程度である点には注意すべきである．日本側の主要な関税削減・撤廃品目は鶏肉やえびの調製品である．関税削減以外での特徴として，シンガポール同様に貿易取引文書の電子化が規定されている．

表12には2015年におけるタイの関税率を示している．タイは農水産品や繊維製品，輸送機器を高い関税で保護しており，全品目単純平均関税率も12％と高い水準にある．FTAでも農水産品と輸送機器の関税率はあまり引き下げられていない．また，タイとの間にはAJCEPが2009年に発効しているが，FTA税率の傾向は変わらない．

表12　日本タイ EPA・AJCEP の関税構造

部門ID	部門名	全品目数	MFN無税品目(%)	FTAで関税が削減されていない品目(%) 二国間FTA	AJCEP	非従価関税品目(%)	MFN平均関税率(%)	FTA平均関税率(%) 二国間FTA	AJCEP
1	動物性生産品	521	33.59	14.20	18.43	0.19	15.49	3.21	4.87
2	植物性生産品	476	10.50	11.76	12.39	27.31	32.40	12.13	13.49
3	油脂・ろう	156	1.28	15.38	15.38	43.59	55.18	36.00	36.63
4	飲食料品	446	0.90	14.35	16.37	26.46	32.25	11.22	13.89
5	鉱物性生産品	204	74.02	0.00	0.98	7.35	2.13	0.00	0.13
6	化学製品	1158	61.57	0.17	0.17	0.35	3.65	0.10	0.14
7	プラスチック・ゴム製品	481	12.47	8.94	0.00	0.00	7.70	2.10	1.72
8	皮革・毛皮製品	100	20.00	0.00	0.00	0.00	14.55	0.00	0.20
9	木材製品	157	32.48	0.00	0.00	0.00	8.41	0.00	0.59
10	パルプ・紙	269	39.03	0.00	0.00	0.00	4.46	0.00	0.00
11	繊維製品	1079	3.34	0.09	0.09	33.92	17.52	0.30	0.30
12	履物・帽子など	74	0.00	0.00	1.35	0.00	23.65	0.81	2.46
13	土石製品	215	18.14	0.00	0.00	6.51	10.11	0.00	0.05
14	貴石・貴金属	81	60.49	0.00	0.00	0.00	7.90	0.00	0.00
15	金属製品	909	28.71	3.63	43.23	0.11	6.25	2.03	3.60
16.1	一般機械	1269	59.34	10.56	10.56	0.00	3.38	1.04	1.06
16.2	電気機械	798	30.45	4.26	4.26	0.00	7.63	0.43	0.58
17	輸送機器	565	12.39	23.54	42.12	0.00	35.55	21.73	26.47
18	精密機械	329	52.89	0.00	0.00	0.00	4.12	0.00	0.00
19	武器	27	11.11	0.00	0.00	0.00	26.67	0.00	0.00
20	雑品	239	0.00	0.00	0.00	2.09	16.11	0.00	0.00
21	美術品	12	8.33	0.00	0.00	0.00	18.33	0.00	0.00
	22部門計	9565	30.95	6.25	11.05	7.55	12.00	3.38	4.13

注1：MFN 無税品目は，全品目数に対する割合である．
注2：関税が削減されていない品目は，全品目数に対する割合であり，FTA 税率を MFN 税率と比較して判断した．
注3：非従価関税品目は，MFN 関税と FTA 関税のどちらかが従価関税でない品目の全品目数に対する割合である．
注4：MFN 平均関税率，FTA 平均関税率は，MFN と FTA の両方で従価関税である品目のみの単純平均である．FTA 適用除外品目には MFN 関税率を用いている．
出所：UNCTAD の TRAINS データベースより筆者作成

　表4から表7に示した日本の関税をみても，農水産品や毛皮・皮革製品，履物・帽子の保護と鉱工業品の大部分の関税撤廃という構図は他の FTA と変わらない．しかし，相対的には，植物性生産品，油脂・ろう，飲食料品に関して多くの品目で関税を削減しており，2014年の FTA 平均関税率は低くなっている．

2.3.7　インドネシア

　日本・インドネシア経済連携協定は 2005 年7月に交渉が始められ，2008年7月に発効した．後述するブルネイとの FTA と同様に，エネルギーおよび鉱物資源に関する章を設けている点が特徴的である．また，看護師・介護福祉士の候補者受け入れも規定されている．インドネシアは日本に対して鉄鋼

や自動車の関税の段階的削減・撤廃で合意した．特に完成車の税率は，2006年時点の45％または60％から，2016年までの5％以下への削減または撤廃となり，大幅な自由化が実現している．その結果，日本からインドネシアへの関税のかからない輸出額の割合は，2006年基準で33.9％から89.7％へと増加した．一方の日本はえびや合板を除く林産品の関税を撤廃し，バナナ・パイナップルには関税割当を設定した．なお，インドネシアは近年，輸入検査の義務化や強制規格の導入といった非関税障壁を強化している．また，インドネシアはASEANの中で唯一，AJCEPが発効していない国でもある．

インドネシアの関税はFTA税率のデータが入手不可能であったため記載していない．日本のインドネシアに対する関税は表4から表7の通りである．他のFTAに比べて動物性生産品や飲食料品で関税を削減していない品目が多く，FTA平均関税率も高い水準にとどまっているが，皮革・毛皮製品や木材製品は多くの品目で関税を削減しており，平均関税率も低くなっている．

2.3.8　ブルネイ

日本・ブルネイ経済連携協定は2006年6月に交渉が開始され，12月には大筋合意に達した．署名は2007年6月であり，発効は2008年7月31日である．日本・インドネシアEPAと同様に，エネルギーについて独立した章があり，規制の導入時における既存の契約関係の尊重などが定められている．日本からの輸出品については，自動車や自動車部品に関して関税が撤廃された．日本の輸入品はほぼすべて液化天然ガスと原油であるため，FTA発効以前から輸入額のほとんどが無税品目で占められている．ブルネイとの間には2009年1月にAJCEPが発効しているが，日本の輸入ではほとんど利用されていない．

表13と附表5がMFNと二国間FTAにおけるブルネイの関税構造である．表13が2014年，附表5が2009年の関税データである．FTAによる特恵マージンの大きい部門は，木材製品や履物・帽子など，機械類であり，農水産品にはMFNでもほとんど関税がかかっていないことがわかる．FTA発効直後はMFN関税率の高い部門で特恵マージンが大きかったが，2014年にはMFN税率も大きく引き下げられたため，特恵マージンはむしろ縮小した品目もある．

表13 日本ブルネイ EPA の関税構造

部門ID	部門名	2014年					
		全品目数	MFN無税品目(%)	FTAで関税が削減されていない品目(%)	非従価関税品目(%)	MFN平均関税率(%)	FTA平均関税率(%)
1	動物性生産品	521	100.00	0.00	0.00	0.00	0.00
2	植物性生産品	474	96.62	0.00	3.38	0.00	0.00
3	油脂・ろう	156	100.00	0.00	0.00	0.00	0.00
4	飲食料品	443	97.07	1.58	1.58	0.07	0.00
5	鉱物性生産品	204	92.16	0.00	7.84	0.00	0.00
6	化学製品	1157	91.01	0.26	1.38	0.48	0.03
7	プラスチック・ゴム製品	480	87.71	0.00	0.00	2.18	0.06
8	皮革・毛皮製品	100	86.00	0.00	0.00	1.40	0.00
9	木材製品	157	31.85	0.00	0.00	3.54	0.00
10	パルプ・紙	269	100.00	0.00	0.00	0.00	0.00
11	繊維製品	1079	88.51	0.00	0.00	0.68	0.00
12	履物・帽子など	75	21.33	0.00	0.00	5.27	0.00
13	土石製品	215	96.28	0.00	0.00	0.65	0.00
14	貴石・貴金属	81	45.68	0.00	0.00	2.72	0.00
15	金属製品	909	99.56	0.00	0.00	0.09	0.01
16.1	一般機械	1270	50.79	0.00	0.00	4.00	0.12
16.2	電気機械	820	14.88	0.00	0.00	5.34	0.02
17	輸送機器	899	88.54	0.00	0.00	2.29	0.11
18	精密機械	329	40.73	0.00	0.00	3.24	0.00
19	武器	27	100.00	0.00	0.00	0.00	0.00
20	雑品	239	57.74	0.00	0.00	2.74	0.01
21	美術品	12	100.00	0.00	0.00	0.00	0.00
	22部門計	9916	76.91	0.10	0.55	1.74	0.03

注1：MFN無税品目は，全品目数に対する割合である．
注2：関税が削減されていない品目は，全品目数に対する割合であり，FTA税率を
　　　MFN税率と比較して判断した．
注3：非従価関税品目は，MFN関税とFTA関税のどちらかが従価関税でない品目の
　　　全品目数に対する割合である．
注4：MFN平均関税率，FTA平均関税率は，MFNとFTAの両方で従価関税である品
　　　目のみの単純平均である．FTA適用除外品目にはMFN関税率を用いている．
出所：UNCTADのTRAINSデータベースより筆者作成

　表4から表7は，2014年における日本の関税を示している．動物性生産品
や飲食料品，皮革・毛皮製品，履物・帽子において日本側の関税削減品目は
非常に少なく，FTA平均関税率も他のFTAより高い．これらの品目はほと
んど輸入されていないという事情はあるが，日本の関税削減という観点から
みると，協定そのものは比較的質が低いといえるのではないだろうか．

2.3.9　フィリピン
　日本・フィリピン経済連携協定は，フィリピンにとって初の二国間FTAで
ある．2004年2月に交渉が開始され，11月には大筋合意に達したにも関わら
ず，署名は2006年9月であり，発効は2008年12月11日と非常に遅い．フィ

22

表14　日本フィリピンEPA・AJCEPの関税構造

部門ID	部門名	全品目数	MFN無税品目(%)	FTAで関税が削減されていない品目(%)		非従価関税品目(%)	MFN平均関税率(%)	FTA平均関税率(%)	
				二国間FTA	AJCEP			二国間FTA	AJCEP
1	動物性生産品	577	0.00	3.12	3.99	0.00	11.14	3.53	4.93
2	植物性生産品	480	0.83	1.88	3.13	0.00	9.90	3.18	4.56
3	油脂・ろう	157	0.00	0.00	0.00	0.00	7.92	2.68	3.00
4	飲食料品	456	0.00	0.88	2.19	0.00	11.90	4.44	5.54
5	鉱物性生産品	213	28.64	2.82	2.82	0.00	1.78	0.03	0.03
6	化学製品	1215	0.91	4.12	4.12	0.00	3.36	0.52	0.53
7	プラスチック・ゴム製品	535	0.75	7.85	7.85	0.00	7.42	2.91	2.91
8	皮革・毛皮製品	100	0.00	0.00	0.00	0.00	7.61	2.73	2.73
9	木材製品	168	8.33	4.17	1.79	0.00	7.49	2.40	2.33
10	パルプ・紙	304	3.95	8.22	6.91	0.00	5.18	1.73	1.82
11	繊維製品	1106	0.54	0.72	0.72	0.00	10.76	0.22	0.26
12	履物・帽子など	80	0.00	0.00	0.00	0.00	10.14	3.96	3.96
13	土石製品	226	0.88	0.00	0.00	0.00	7.31	2.69	2.70
14	貴石・貴金属	81	0.00	0.00	0.00	0.00	5.53	1.67	1.67
15	金属製品	1005	6.47	2.29	2.29	0.00	5.69	2.56	2.64
16.1	一般機械	1369	7.82	3.51	3.65	0.00	2.54	0.54	0.54
16.2	電気機械	863	19.00	4.75	4.40	0.00	4.88	1.90	1.94
17	輸送機器	718	2.09	28.83	48.05	0.00	15.31	6.38	11.42
18	精密機械	333	9.01	1.80	1.80	0.00	2.50	0.12	0.12
19	武器	27	0.00	0.00	0.00	0.00	13.63	5.78	5.77
20	雑品	252	0.00	3.97	4.37	0.00	7.64	2.88	2.92
21	美術品	12	0.00	0.00	0.00	0.00	7.50	0.00	0.00
	22部門計	10277	4.82	4.90	6.33	0.00	7.04	2.06	2.63

注1：MFN無税品目は，全品目数に対する割合である．
注2：関税が削減されていない品目は，全品目数に対する割合であり，FTA税率を
　　　MFN税率と比較して判断した．
注3：非従価関税品目は，MFN関税とFTA関税のどちらかが従価関税でない品目の
　　　全品目数に対する割合である．
注4：MFN平均関税率，FTA平均関税率は，MFNとFTAの両方で従価関税である品
　　　目のみの単純平均である．FTA適用除外品目にはMFN関税率を用いている．
出所：UNCTADのTRAINSデータベースより筆者作成

リピンの主な関税撤廃品目は，自動車部品，鉄鋼製品である．完成車に関して
は再協議が定められつつも，一定レベルの関税削減・撤廃が実現した．さ
らに，ぶどうやりんご，なしなどの農産品も即時関税撤廃となっている．日
本はバナナの関税撤廃に応じ，パイナップルや鶏肉では関税割当を設定した．
関税以外の分野では，シンガポールやタイとのFTAと同様に，貿易取引文書
の電子化が規定されている．さらに，インドネシアとのFTAと同様に，日本・
フィリピンEPAでは，看護師・介護福祉士候補者の受け入れを定めている．
また，フィリピンとの間には，2010年7月にAJCEPが発効した．
　表14と附表6は2013年と2011年におけるフィリピンの平均関税率である．
2013年のみ二国間FTAとAJCEPの両方を記載した．フィリピンは農林水産
品や飲食料品，繊維製品，輸送機器を強く保護しているが，FTAではある程

度関税が引き下げられている.

表4から表7は2014年における日本の関税である. タイのケースと同様に, フィリピンとのFTAでは, 植物性生産品や飲食料品, 皮革・毛皮製品の関税を多くの品目で引き下げており, 平均関税率も他のFTAに比べて低い. 特に飲食料品は, 関税を引き下げていない品目の割合もFTA平均関税率も最も低くなっている.

2.3.10 ミャンマー・ラオス・カンボジア（AJCEP）

日本はミャンマー, ラオス, カンボジアとは二国間FTAを締結していないが, これら3ヵ国とはASEAN全体とのFTAであるAJCEPが発効している[8]. ASEAN各国の発効年は表1に示しており, ミャンマーとラオスは2008年12月, カンボジアは2009年12月である. AJCEPにおいて各国はASEAN全加盟国と日本に対して同一のFTA税率を設定しており, 両国が発効させた時点から利用可能となる[9]. なお, AJCEPでは遅れて発効した場合でも, 2008年を1年目として段階的な関税撤廃のスケジュールが適用される. したがって, 遅れて発効すると発効時点での関税削減幅が大きくなる. また, ASEAN各国との二国間FTAに必ずしも含まれていない内容として, 強制規格や衛生植物検疫措置もAJCEPは規定している.

ミャンマー・ラオス・カンボジアに関しては, 信頼できる関税率のデータが得られなかった. ただし, AJCEPでは発展段階に配慮した結果として, この3ヵ国の関税削減移行期間を18年と非常に長く定めており, 初期時点ではほとんどの品目で関税が削減されない. たとえば, カンボジアのMFN関税は, ほとんどの品目が無税, 7%, 15%, 35%の4種類だが, 2016年時点では35%の品目の25%への削減のみが定められており, 7%や15%の品目で関税が引き下げられるのは2017年以降となっている.

AJCEPにおける日本側の関税率は表4から表7に示した通りである. 植物

---

[8] なお, ASEAN域内のFTAは1992年に発効している. さらに, ASEANは日本より前に中国, 韓国とFTAを締結しており, それぞれ2005年, 2007年に発効させている.

[9] 前述の通りインドネシアとの間にはAJCEPが発効していないため, インドネシアとの貿易ではAJCEPで定められた関税率を利用できない.

性生産品，飲食料品，皮革・毛皮製品，木材製品，履物・帽子などにおいて，多くの品目の関税が削減されている．その結果として，FTA 平均関税率も比較的低くなっている．

2.3.11　スイス

　日本・スイス経済連携協定は，日本にとって初のヨーロッパの国との FTA である．5 回の共同研究会の後，2007 年 5 月に正式に交渉が開始し，2008 年 9 月の第 8 回会合で大筋合意に達した．発効は 2009 年 9 月である．スイスはすべての鉱工業品と，清酒や盆栽といった一部の農林水産品の関税を撤廃した．日本はスイスからのインスタントコーヒー，アロマオイル，食料添加物の関税を撤廃し，一部のチーズやチョコレートについては関税割当を設定した．また，日本の FTA としては初めて，原産地証明について認定輸出者による自己証明制度が導入された．さらに，協定には電子商取引の章も初めて設けられた．

　表 15 と附表 7 は日本スイス EPA の関税削減状況である．表 15 が 2015 年，附表 7 が 2010 年である．スイスは無税品目を除くすべての品目で従量関税が導入されており，これらの表におけるスイスの平均関税率は意味をなさない点に注意されたい．関税の削減されていない品目の割合をみると，農水産品の多くは FTA でも関税が引き下げられていないとわかる．

　また，日本の関税は表 4 から表 7 であり，日本も動物性生産品は関税をほとんど削減していない．相対的には化学製品や木材製品であまり関税を削減していない点が特徴的である．毛皮・皮革製品や履物・帽子などで関税を削減している品目は多いが，これらの部門で FTA 平均関税率が低いとはいえない．FTA の発効が 2009 年ということもあり，2014 年時点では関税の段階的な削減が十分には進んでいないと考えられる．

表15　日本スイスEPAの関税構造

部門ID	部門名	2015年					
		全品目数	MFN無税品目(%)	FTAで関税が削減されていない品目(%)	非従価関税品目(%)	MFN平均関税率(%)	FTA平均関税率(%)
1	動物性生産品	576	32.64	49.31	67.36	0.00	0.00
2	植物性生産品	1174	16.87	52.56	83.13	0.00	0.00
3	油脂・ろう	197	36.04	35.53	63.96	0.00	0.00
4	飲食料品	674	17.66	48.22	82.34	0.00	0.00
5	鉱物性生産品	183	66.12	0.00	33.88	0.00	0.00
6	化学製品	1017	40.02	0.79	59.98	0.00	0.00
7	プラスチック・ゴム製品	241	12.45	0.00	87.55	0.00	0.00
8	皮革・毛皮製品	74	20.27	0.00	79.73	0.00	0.00
9	木材製品	131	11.45	0.00	88.55	0.00	0.00
10	パルプ・紙	178	13.48	0.00	86.52	0.00	0.00
11	繊維製品	1090	3.12	0.00	96.88	0.00	0.00
12	履物・帽子など	60	0.00	0.00	100.00		
13	土石製品	159	1.26	0.00	98.74	0.00	0.00
14	貴石・貴金属	61	11.48	0.00	88.52	0.00	0.00
15	金属製品	906	4.30	0.00	95.70	0.00	0.00
16.1	一般機械	833	15.97	0.00	84.03	0.00	0.00
16.2	電気機械	403	18.36	0.00	81.64	0.00	0.00
17	輸送機器	195	9.23	0.00	90.77	0.00	0.00
18	精密機械	251	21.91	0.00	78.09	0.00	0.00
19	武器	26	0.00	0.00	100.00		
20	雑品	176	19.32	0.00	80.68	0.00	0.00
21	美術品	10	80.00	0.00	20.00	0.00	0.00
	22部門計	8615	18.48	15.14	81.52	0.00	0.00

注1：MFN無税品目は，全品目数に対する割合である．
注2：関税が削減されていない品目は，全品目数に対する割合であり，FTA税率を
　　　MFN税率と比較して判断した．
注3：非従価関税品目は，MFN関税とFTA関税のどちらかが従価関税でない品目の
　　　全品目数に対する割合である．
注4：MFN平均関税率，FTA平均関税率は，MFNとFTAの両方で従価関税である品
　　　目のみの単純平均である．FTA適用除外品目にはMFN関税率を用いている．
出所：UNCTADのTRAINSデータベースより筆者作成

2.3.12　ベトナム

　ベトナムはASEAN内の低所得国だが，近年は貿易自由化を積極的に推進し
ている．2000年にはアメリカと通商協定を締結して相互にMFNを供与し，2007
年にWTOへの加盟を果たした．2015年には単独でEUとFTA交渉を行い，最
終合意に達している．日本との関係では，AJCEPが2008年12月に発効し，日
本はドリアンやえび，鶏肉調製品，一部の合板などの関税を削減・撤廃した[10]．
　また，2007年1月に交渉が開始された日本・ベトナム経済連携協定は，2009

---

[10] ベトナムのAJCEPにおける段階的関税撤廃の移行期間は，ミャンマー，ラオス，
カンボジアより若干短い15年となっている．

表16 日本ベトナム EPA・AJCEP の関税構造

部門ID	部門名	全品目数	MFN無税品目(%)	FTAで関税が削減されていない品目(%)		非従価関税品目(%)	MFN平均関税率(%)	FTA平均関税率(%)	
				二国間FTA	AJCEP			二国間FTA	AJCEP
1	動物性生産品	521	15.93	22.46	46.07	0.00	11.76	8.55	8.87
2	植物性生産品	474	14.77	7.38	17.93	0.00	15.11	9.24	9.09
3	油脂・ろう	156	0.00	3.85	41.03	0.00	15.02	8.95	9.59
4	飲食料品	443	9.26	29.12	27.54	0.00	27.98	21.13	20.86
5	鉱物性生産品	204	36.76	16.18	49.51	0.00	6.22	4.42	5.11
6	化学製品	1173	58.31	3.92	22.17	0.00	3.22	1.73	2.30
7	プラスチック・ゴム製品	486	21.60	10.70	38.68	0.00	8.29	5.03	6.31
8	皮革・毛皮製品	100	30.00	1.00	10.00	0.00	12.46	9.24	9.08
9	木材製品	157	46.50	1.91	18.47	0.00	6.78	5.05	5.03
10	パルプ・紙	275	13.82	1.45	16.73	0.00	11.41	4.14	6.48
11	繊維製品	1079	8.80	8.99	16.77	0.00	12.36	4.92	5.35
12	履物・帽子など	74	8.11	0.00	0.00	0.00	22.30	16.59	14.97
13	土石製品	221	6.33	12.67	32.58	0.00	17.82	10.89	11.12
14	貴石・貴金属	81	22.22	0.00	32.10	0.00	12.86	7.65	7.25
15	金属製品	942	36.94	7.43	18.90	0.00	7.77	3.67	4.50
16.1	一般機械	1283	54.01	8.34	21.28	0.23	4.67	2.41	2.85
16.2	電気機械	806	40.57	9.93	17.62	0.00	8.71	4.33	4.72
17	輸送機器	577	15.08	49.05	58.58	15.08	23.91	18.76	20.51
18	精密機械	329	67.78	0.00	10.64	0.00	4.50	2.38	2.80
19	武器	27	85.19	14.81	14.81	0.00	3.52	3.52	3.52
20	雑品	242	4.96	6.61	18.60	0.00	18.16	11.31	11.55
21	美術品	12	75.00	0.00	16.67	0.00	2.50	1.25	1.67
	22部門計	9662	31.61	11.50	25.26	0.93	10.50	6.29	6.84

注1：MFN無税品目は，全品目数に対する割合である．
注2：関税が削減されていない品目は，全品目数に対する割合であり，FTA税率を
MFN税率と比較して判断した．
注3：非従価関税品目は，MFN関税とFTA関税のどちらかが従価関税でない品目の
全品目数に対する割合である．
注4：MFN平均関税率，FTA平均関税率は，MFNとFTAの両方で従価関税である品
目のみの単純平均である．FTA適用除外品目にはMFN関税率を用いている．
出所：UNCTADのTRAINSデータベースより筆者作成

年10月に発効している．ベトナムは二国間FTAよりもAJCEPの発効が早い唯
一の国である．そのため，浦田・早川（2016）によると，ベトナムからの輸入に
関しては，AJCEPを利用した輸入額の割合が比較的大きい．日本・ベトナム
EPAにおいて，ベトナムは主に自動車部品や鉄鋼製品，電気電子製品などの関
税を撤廃させた．特に，エンジンや冷延鋼板はAJCEPの適用除外品目であった
が，日本・ベトナムEPAでは関税の撤廃が定められている．多くの品目では，
10年程度の期間で段階的に自由化を行うと定められているが，ベトナムの発展
段階から考えると，十分に急進的といえるのではないか．日本はドリアンやピー
マン，合板を除く林産品，えび，冷凍たこなどの関税を撤廃した．看護師・介
護福祉士候補者の受け入れは継続協議が定められ，後に決定された．
　表16と附表8は2015年と2010年のベトナムの関税構造を示した表である．

ただし，2010 年は二国間 FTA のみを記載している．ベトナムは農水産品や
履物・帽子，土石製品，輸送機器に高い関税をかけており，2015 年にはあ
る程度の特恵マージンを獲得している．また，AJCEP と二国間 FTA の関税
率は全体として同じような値を取っているが，輸送機器は AJCEP よりも二
国間 FTA の平均関税率が低くなっている．

　表 4 から表 7 の日本側の関税データによると，日本はベトナムに対して，
植物性生産品や飲食料品，皮革・毛皮製品，木材製品，履物・帽子など，関
税率の高い部門で，比較的多くの品目の関税を削減している．しかし，FTA
平均関税率はあまり低いとはいえない．スイスと同様に多くの品目が段階的
削減の過程にあるといえる．

2.3.13　インド

　日本・インド包括的経済連携協定は，2006 年 12 月に交渉の開始が決定され
た．2007 年 1 月から 14 回にわたる正式会合の後，2010 年 9 月に大筋合意に至
り，2011 年 8 月に発効している．交渉期間が長く，交渉は難航したと思われる．
インドは日本に対して自動車部品の関税を引き下げ，鉄鋼製品や電気電子製
品，一般機械の関税を段階的に撤廃することとなった．また，農産品でも盆
栽やながいも，桃，いちご，柿といった品目の関税が撤廃される．日本の主
な関税削減・撤廃品目は，ランブータン，ドリアン，唐辛子，スイートコーン，
カレー，紅茶といった農産品，飲食料品や製材などの林産品，えび，さめ，
くらげといった水産品である．インドは多くの品目で関税削減を定めている
が，一方で原産地規則については，関税分類変更基準と 35%付加価値基準の
両者を満たさなければならないという厳しいルールを採用している．

　インドの関税は FTA 税率のデータが入手不可能であったため記載してい
ない．日本のインドに対する関税は表 4 から表 7 に示している．2014 年時点
で関税の引き下げられていない品目の割合をみると，飲食料品や履物・帽子
などの削減品目が少ない．これらの部門や農林水産品については，FTA の平
均関税率も高い．発効後の経過年数が少ないという点は考慮すべきだが，発
効年の近いベトナムやペルーと比較しても FTA 平均関税率は高く，関税削
減面で質の低い FTA といえるのではないだろうか．

2.3.14 ペルー

日本・ペルー経済連携協定は 2009 年 5 月から 2010 年 11 月まで交渉され，2011 年 5 月の署名を経て 2012 年 3 月に発効した．ペルーで関税が撤廃される品目は，完成車やサスペンション，ガスケット，電動軸などの自動車部品，ボルト・ナットなどの鉄鋼製品，テレビ，ブルーレイディスクレコーダー，電池などの電気電子製品，ながいも，りんご，梨，柿，緑茶，清酒といった農産品，飲食料品に加え，さらに医薬品やボールペンもあげられる．日本側は豚肉や鶏肉，とうもろこしに関税割当を設定し，アスパラガスや製材，いかの関税を撤廃した．また，原産地証明は自己証明制度が選択可能である．

ペルーの関税は FTA 税率のデータが入手不可能であったため記載していない．日本のペルーに対する関税は表4から表7である．発効から十分に年数が経過していないこともあり，植物性生産品や飲食料品，木材製品の関税率が相対的に高い．ただし，動物性生産品や植物性生産品は他の FTA と比べて削減品目数が比較的多く，今後は平均関税率も低下していくと思われる．

2.3.15 本節のまとめ

本節では各 FTA の概要を相手国ごとに記述したが，結果は次のようにまとめられる．まず，日本は ASEAN や中南米諸国を中心に FTA を締結しており，交渉期間は 2 年弱から 4 年以上にわたる場合もある．

FTA 締結国の関税構造は，相手国ごとに大きく異なっている．シンガポールのようにほとんど MFN 関税のかからない国もあれば，タイのように高関税を課す国もあり，あるいはメキシコのように MFN 関税率を急速に引き下げた国もある．相対的に関税率の高い部門としては，農水産品と飲食料品，輸送機器があげられる．日本との FTA によって実際に関税が削減された部門やその水準も相手国によって異なるが，MFN 関税率の高い部門で日本の特恵マージンが大きい傾向にある．ただし，比較的発効年の新しい FTA は段階的削減が進んでいないため，FTA 平均関税率が高い傾向にある．

日本は農水産品や飲食料品，皮革・毛皮製品，繊維製品，履物・帽子などに高い MFN 関税をかけて保護しているが，パルプ・紙や金属製品，機械類などの関税率は低く，FTA による削減の余地はあまり残されていない．FTA では

MFN 平均関税率の低い部門に残された関税を一掃しているが，MFN 平均関税率が高い部門での関税の削減幅は非常に小さい．マレーシアやタイ，フィリピンとの FTA では相対的に高関税率部門の関税率を大きく引き下げているが，依然として FTA 平均関税率は高いままであり，MFN で保護されている品目は FTA でもそのまま保護されているといえる．例外は繊維製品であり，MFN の関税率は高いが，FTA 関税率はどの協定でも大きく引き下げられている．

第2章　日本のFTA

附表1　日本シンガポールEPAの関税構造

部門ID	部門名	2005年					
		全品目数	MFN無税品目(%)	FTAで関税が削減されていない品目(%)	非従価関税品目(%)	MFN平均関税率(%)	FTA平均関税率(%)
1	動物性生産品	338	100.00	0.00	0.00	0.00	0.00
2	植物性生産品	385	100.00	0.00	0.00	0.00	0.00
3	油脂・ろう	151	100.00	0.00	0.00	0.00	0.00
4	飲食料品	417	98.56	0.00	1.44	0.00	0.00
5	鉱物性生産品	212	100.00	0.00	0.00	0.00	0.00
6	化学製品	1287	100.00	0.00	0.00	0.00	0.00
7	プラスチック・ゴム製品	588	100.00	0.00	0.00	0.00	0.00
8	皮革・毛皮製品	112	100.00	0.00	0.00	0.00	0.00
9	木材製品	253	100.00	0.00	0.00	0.00	0.00
10	パルプ・紙	271	100.00	0.00	0.00	0.00	0.00
11	繊維製品	1185	100.00	0.00	0.00	0.00	0.00
12	履物・帽子など	74	100.00	0.00	0.00	0.00	0.00
13	土石製品	221	100.00	0.00	0.00	0.00	0.00
14	貴石・貴金属	77	100.00	0.00	0.00	0.00	0.00
15	金属製品	1161	100.00	0.00	0.00	0.00	0.00
16.1	一般機械	1436	100.00	0.00	0.00	0.00	0.00
16.2	電気機械	766	100.00	0.00	0.00	0.00	0.00
17	輸送機器	1026	100.00	0.00	0.00	0.00	0.00
18	精密機械	398	100.00	0.00	0.00	0.00	0.00
19	武器	28	100.00	0.00	0.00	0.00	0.00
20	雑品	287	100.00	0.00	0.00	0.00	0.00
21	美術品	12	100.00	0.00	0.00	0.00	0.00
	22部門計	10685	99.94	0.00	0.06	0.00	0.00

注1：MFN無税品目は，全品目数に対する割合である．
注2：関税が削減されていない品目は，全品目数に対する割合であり，FTA税率を
　　　MFN税率と比較して判断した．
注3：非従価関税品目は，MFN関税とFTA関税のどちらかが従価関税でない品目の
　　　全品目数に対する割合である．
注4：MFN平均関税率，FTA平均関税率は，MFNとFTAの両方で従価関税である品
　　　目のみの単純平均である．FTA適用除外品目にはMFN関税率を用いている．
出所：UNCTADのTRAINSデータベースより筆者作成

附表2　日本メキシコ EPA の関税構造

部門ID	部門名	2006年					
		全品目数	MFN無税品目(%)	FTAで関税が削減されていない品目(%)	非従価関税品目(%)	MFN平均関税率(%)	FTA平均関税率(%)
1	動物性生産品	323	10.84	42.11	1.86	16.73	8.53
2	植物性生産品	468	20.09	34.83	0.64	13.47	7.72
3	油脂・ろう	69	1.45	72.46	0.00	14.75	12.00
4	飲食料品	337	1.78	56.38	13.65	18.74	11.79
5	鉱物性生産品	210	16.67	20.00	0.00	8.55	2.94
6	化学製品	2828	30.73	39.99	0.11	8.08	6.93
7	プラスチック・ゴム製品	566	6.54	35.16	0.18	13.27	11.88
8	皮革・毛皮製品	122	7.38	14.75	19.67	16.44	10.72
9	木材製品	137	2.19	10.95	0.00	16.64	5.66
10	パルプ・紙	299	12.71	72.24	0.00	9.38	8.63
11	繊維製品	1245	3.21	0.56	0.00	20.61	4.92
12	履物・帽子など	100	0.00	15.00	19.00	28.09	22.09
13	土石製品	292	1.03	20.89	0.00	15.15	11.18
14	貴石・貴金属	65	35.38	16.92	0.00	9.23	6.19
15	金属製品	1231	6.42	42.49	0.00	12.32	10.38
16.1	一般機械	1436	34.19	16.02	0.00	9.43	6.60
16.2	電気機械	1036	24.61	20.75	0.00	10.62	6.83
17	輸送機器	381	6.30	16.54	0.26	16.80	10.10
18	精密機械	464	9.05	12.72	0.00	11.49	4.97
19	武器	33	6.06	0.00	0.00	15.61	0.00
20	雑品	248	9.27	35.89	0.00	15.00	11.63
21	美術品	14	100.00	0.00	0.00	0.00	0.00
	22部門計	11904	17.83	28.84	0.87	12.33	7.78

注1：MFN 無税品目は，全品目数に対する割合である．
注2：関税が削減されていない品目は，全品目数に対する割合であり，FTA 税率を
MFN 税率と比較して判断した．
注3：非従価関税品目は，MFN 関税と FTA 関税のどちらかが従価関税でない品目の
全品目数に対する割合である．
注4：MFN 平均関税率，FTA 平均関税率は，MFN と FTA の両方で従価関税である品
目のみの単純平均である．FTA 適用除外品目には MFN 関税率を用いている．
出所：UNCTAD の TRAINS データベースより筆者作成

附表3　日本マレーシア EPA の関税構造

部門ID	部門名	2009年					
		全品目数	MFN無税品目 (%)	FTAで関税が削減されていない品目 (%) 二国間FTA	非従価関税品目 (%)	MFN平均関税率 (%)	FTA平均関税率 (%) 二国間FTA
1	動物性生産品	325	85.85	5.23	0.00	2.76	1.90
2	植物性生産品	354	73.45	4.52	5.65	2.59	1.41
3	油脂・ろう	166	59.04	2.41	0.00	2.54	0.77
4	飲食料品	462	66.45	16.02	11.47	2.56	1.88
5	鉱物性生産品	203	87.68	3.45	0.00	1.40	1.00
6	化学製品	1083	85.04	1.11	0.09	2.23	1.77
7	プラスチック・ゴム製品	655	29.01	18.02	0.00	13.51	11.02
8	皮革・毛皮製品	99	63.64	0.00	0.00	5.25	3.65
9	木材製品	2024	92.89	0.00	0.00	1.37	0.57
10	パルプ・紙	333	37.24	0.30	0.30	10.33	7.79
11	繊維製品	1075	22.42	0.00	0.00	11.90	0.05
12	履物・帽子など	84	30.95	5.95	0.00	14.01	10.62
13	土石製品	204	24.02	7.84	0.00	18.21	14.33
14	貴石・貴金属	62	67.74	0.00	0.00	2.74	1.43
15	金属製品	1020	29.31	1.57	0.39	18.53	14.33
16.1	一般機械	749	68.22	2.67	0.13	5.45	3.62
16.2	電気機械	508	68.50	7.09	0.00	5.20	4.24
17	輸送機器	463	23.97	41.90	0.00	17.76	14.35
18	精密機械	266	91.35	0.00	0.00	0.85	0.41
19	武器	26	7.69	92.31	0.00	14.23	14.23
20	雑品	218	40.83	2.29	0.00	9.54	6.63
21	美術品	10	60.00	10.00	0.00	2.00	0.50
	22部門計	10389	60.32	5.45	0.77	7.35	4.59

注1：MFN 無税品目は，全品目数に対する割合である.
注2：関税が削減されていない品目は，全品目数に対する割合であり，FTA 税率を MFN 税率と比較して判断した.
注3：非従価関税品目は，MFN 関税と FTA 関税のどちらかが従価関税でない品目の全品目数に対する割合である.
注4：MFN 平均関税率，FTA 平均関税率は，MFN と FTA の両方で従価関税である品目のみの単純平均である. FTA 適用除外品目には MFN 関税率を用いている.
出所：UNCTAD の TRAINS データベースより筆者作成

附表4　日本チリEPAの関税構造

部門ID	部門名	2007年					
		全品目数	MFN無税品目(%)	FTAで関税が削減されていない品目(%)	非従価関税品目(%)	MFN平均関税率(%)	FTA平均関税率(%)
1	動物性生産品	567	1.94	98.06	0.00	5.88	5.88
2	植物性生産品	397	0.00	100.00	0.00	6.00	6.00
3	油脂・ろう	65	0.00	98.46	0.00	6.00	6.00
4	飲食料品	398	0.00	100.00	0.50	6.00	6.00
5	鉱物性生産品	191	0.00	98.43	0.00	6.00	5.94
6	化学製品	1191	0.00	98.32	0.08	6.00	5.98
7	プラスチック・ゴム製品	307	0.00	96.74	0.00	6.00	5.96
8	皮革・毛皮製品	86	0.00	98.84	0.00	6.00	6.00
9	木材製品	142	0.00	100.00	0.00	6.00	6.00
10	パルプ・紙	235	1.70	91.91	0.00	5.90	5.72
11	繊維製品	1171	0.00	98.72	0.00	6.00	5.94
12	履物・帽子など	115	0.00	99.13	0.00	6.00	6.00
13	土石製品	180	0.00	100.00	0.00	6.00	6.00
14	貴石・貴金属	59	0.00	100.00	0.00	6.00	6.00
15	金属製品	657	0.00	97.87	0.00	6.00	5.95
16.1	一般機械	745	0.13	91.68	0.00	5.99	5.77
16.2	電気機械	521	0.00	98.08	0.00	6.00	5.98
17	輸送機器	343	8.45	82.51	0.00	5.49	5.31
18	精密機械	290	0.00	95.17	0.00	6.00	5.93
19	武器	23	0.00	100.00	0.00	6.00	6.00
20	雑品	213	0.00	96.71	0.00	6.00	5.98
21	美術品	7	0.00	100.00	0.00	6.00	6.00
	22部門計	7903	0.57	96.86	0.04	5.97	5.91

注1：MFN無税品目は，全品目数に対する割合である．
注2：関税が削減されていない品目は，全品目数に対する割合であり，FTA税率を
　　　MFN税率と比較して判断した．
注3：非従価関税品目は，MFN関税とFTA関税のどちらかが従価関税でない品目の
　　　全品目数に対する割合である．
注4：MFN平均関税率，FTA平均関税率は，MFNとFTAの両方で従価関税である品
　　　目のみの単純平均である．FTA適用除外品目にはMFN関税率を用いている．
出所：UNCTADのTRAINSデータベースより筆者作成

第 2 章　日本の FTA

附表 5　日本ブルネイ EPA の関税構造

部門ID	部門名	2009年					
		全品目数	MFN無税品目 (%)	FTAで関税が削減されていない品目 (%)	非従価関税品目 (%)	MFN平均関税率 (%)	FTA平均関税率 (%)
1	動物性生産品	344	100.00	0.00	0.00	0.00	0.00
2	植物性生産品	391	95.91	0.00	4.09	0.00	0.00
3	油脂・ろう	150	100.00	0.00	0.00	0.00	0.00
4	飲食料品	386	97.41	1.30	1.30	0.07	0.03
5	鉱物性生産品	198	92.42	0.00	7.58	0.00	0.00
6	化学製品	1098	89.07	0.27	1.46	0.58	0.33
7	プラスチック・ゴム製品	392	85.20	0.00	0.00	2.72	1.41
8	皮革・毛皮製品	84	83.33	0.00	0.00	1.67	1.00
9	木材製品	136	35.29	0.00	0.00	12.65	5.93
10	パルプ・紙	224	100.00	0.00	0.00	0.00	0.00
11	繊維製品	928	89.01	0.00	0.00	0.65	0.00
12	履物・帽子など	63	22.22	0.00	0.00	5.32	2.58
13	土石製品	185	95.68	0.00	0.00	0.76	0.33
14	貴石・貴金属	75	57.33	0.00	0.00	2.13	1.07
15	金属製品	825	99.64	0.00	0.00	0.07	0.04
16.1	一般機械	1167	50.47	0.00	0.00	8.29	4.86
16.2	電気機械	638	11.29	0.00	0.00	13.51	7.64
17	輸送機器	427	76.58	0.00	0.00	4.68	2.25
18	精密機械	339	41.00	0.00	0.00	8.39	5.20
19	武器	28	100.00	0.00	0.00	0.00	0.00
20	雑品	212	59.43	0.00	0.00	2.64	1.50
21	美術品	10	100.00	0.00	0.00	0.00	0.00
	22部門計	8300	75.36	0.10	0.63	3.46	1.91

注1：MFN 無税品目は，全品目数に対する割合である．
注2：関税が削減されていない品目は，全品目数に対する割合であり，FTA 税率を
　　　MFN 税率と比較して判断した．
注3：非従価関税品目は，MFN 関税と FTA 関税のどちらかが従価関税でない品目の
　　　全品目数に対する割合である．
注4：MFN 平均関税率，FTA 平均関税率は，MFN と FTA の両方で従価関税である品
　　　目のみの単純平均である．FTA 適用除外品目には MFN 関税率を用いている．
出所：UNCTAD の TRAINS データベースより筆者作成

附表6 日本フィリピンEPAの関税構造

部門ID	部門名	2011年					
		全品目数	MFN無税品目(%)	FTAで関税が削減されていない品目(%) 二国間FTA	非従価関税品目(%)	MFN平均関税率(%)	FTA平均関税率(%) 二国間FTA
1	動物性生産品	351	0.00	3.13	0.00	10.72	4.50
2	植物性生産品	401	0.75	2.24	0.00	10.32	4.48
3	油脂・ろう	153	0.00	0.00	0.00	7.38	3.31
4	飲食料品	401	0.00	1.25	0.00	11.69	5.74
5	鉱物性生産品	202	25.74	7.43	0.00	1.85	0.44
6	化学製品	1172	1.02	4.44	0.00	3.35	0.87
7	プラスチック・ゴム製品	444	0.45	11.04	0.00	7.45	3.87
8	皮革・毛皮製品	84	0.00	0.00	0.00	7.11	3.79
9	木材製品	151	9.27	2.65	0.00	7.82	3.68
10	パルプ・紙	249	4.42	12.45	0.00	4.88	2.39
11	繊維製品	978	0.31	0.82	0.00	10.74	0.28
12	履物・帽子など	72	0.00	1.39	0.00	10.10	5.72
13	土石製品	196	1.02	0.00	0.00	7.13	3.44
14	貴石・貴金属	75	0.00	0.00	0.00	5.17	1.79
15	金属製品	910	6.48	19.45	0.00	5.56	3.13
16.1	一般機械	1253	8.54	3.03	0.00	2.45	0.72
16.2	電気機械	727	20.50	4.68	0.00	4.66	2.26
17	輸送機器	592	1.52	18.75	0.00	14.13	5.10
18	精密機器	342	9.06	2.63	0.00	2.46	0.19
19	武器	28	0.00	0.00	0.00	13.50	7.64
20	雑品	218	0.00	3.21	0.00	7.22	3.74
21	美術品	10	0.00	0.00	0.00	7.60	0.60
	22部門計	9009	5.04	6.23	0.00	6.67	2.39

注1：MFN無税品目は，全品目数に対する割合である．
注2：関税が削減されていない品目は，全品目数に対する割合であり，FTA税率を
MFN税率と比較して判断した．
注3：非従価関税品目は，MFN関税とFTA関税のどちらかが従価関税でない品目の
全品目数に対する割合である．
注4：MFN平均関税率，FTA平均関税率は，MFNとFTAの両方で従価関税である品
目のみの単純平均である．FTA適用除外品目にはMFN関税率を用いている．
出所：UNCTADのTRAINSデータベースより筆者作成

第 2 章　日本の FTA

附表 7　日本スイス EPA の関税構造

部門ID	部門名	2010年					
		全品目数	MFN無税品目 (%)	FTAで関税が削減されていない品目 (%)	非従価関税品目 (%)	MFN平均関税率 (%)	FTA平均関税率 (%)
1	動物性生産品	445	27.64	55.96	72.36	0.00	0.00
2	植物性生産品	1070	16.07	52.80	83.93	0.00	0.00
3	油脂・ろう	189	21.16	48.15	78.84	0.00	0.00
4	飲食料品	651	15.98	49.77	84.02	0.00	0.00
5	鉱物性生産品	182	65.38	0.00	34.62	0.00	0.00
6	化学製品	1020	40.10	0.78	59.90	0.00	0.00
7	プラスチック・ゴム製品	241	21.99	0.00	78.01	0.00	0.00
8	皮革・毛皮製品	74	20.27	0.00	79.73	0.00	0.00
9	木材製品	130	11.54	0.00	88.46	0.00	0.00
10	パルプ・紙	181	14.36	0.00	85.64	0.00	0.00
11	繊維製品	1094	3.11	0.00	96.89	0.00	0.00
12	履物・帽子など	61	0.00	0.00	100.00		
13	土石製品	160	4.38	0.00	95.63	0.00	0.00
14	貴石・貴金属	61	11.48	0.00	88.52	0.00	0.00
15	金属製品	913	13.69	0.00	86.31	0.00	0.00
16.1	一般機械	833	28.45	0.00	71.55	0.00	0.00
16.2	電気機械	401	39.40	0.00	60.60	0.00	0.00
17	輸送機器	196	14.80	0.00	85.20	0.00	0.00
18	精密機械	257	35.02	0.00	64.98	0.00	0.00
19	武器	28	0.00	0.00	100.00		
20	雑品	176	22.16	0.00	77.84		0.00
21	美術品	10	80.00	0.00	20.00	0.00	0.00
	22部門計	8373	21.62	14.77	78.38	0.00	0.00

注1：MFN 無税品目は，全品目数に対する割合である．

注2：関税が削減されていない品目は，全品目数に対する割合であり，FTA 税率を
　　　MFN 税率と比較して判断した．

注3：非従価関税品目は，MFN 関税と FTA 関税のどちらかが従価関税でない品目の
　　　全品目数に対する割合である．

注4：MFN 平均関税率，FTA 平均関税率は，MFN と FTA の両方で従価関税である品
　　　目のみの単純平均である．FTA 適用除外品目には MFN 関税率を用いている．

出所：UNCTAD の TRAINS データベースより筆者作成

附表8　日本ベトナム EPA の関税構造

部門ID	部門名	2010年					
		全品目数	MFN無税品目 (%)	FTAで関税が削減されていない品目 (%) 二国間FTA	非従価関税品目 (%)	MFN平均関税率 (%)	FTA平均関税率 (%) 二国間FTA
1	動物性生産品	356	24.72	47.75	0.00	11.08	9.83
2	植物性生産品	400	16.50	34.50	0.00	15.87	13.69
3	油脂・ろう	151	1.32	30.46	0.00	15.07	14.33
4	飲食料品	402	7.71	58.71	0.00	28.97	27.79
5	鉱物性生産品	210	29.05	14.29	0.00	6.20	5.23
6	化学製品	1214	58.98	19.03	0.00	3.88	3.54
7	プラスチック・ゴム製品	462	17.53	44.16	0.00	9.71	8.91
8	皮革・毛皮製品	87	32.18	39.08	0.00	13.90	13.21
9	木材製品	141	39.72	50.35	0.71	8.49	8.27
10	パルプ・紙	290	13.10	36.21	0.00	13.00	11.79
11	繊維製品	967	9.00	5.07	0.10	12.26	9.68
12	履物・帽子など	64	4.69	37.50	0.00	25.52	24.52
13	土石製品	207	9.18	35.27	0.00	17.88	16.14
14	貴石・貴金属	75	14.67	41.33	0.00	11.11	9.45
15	金属製品	955	41.26	23.87	0.00	7.71	6.57
16.1	一般機械	1363	52.82	23.99	0.07	5.12	4.62
16.2	電気機械	821	32.76	31.18	0.12	9.44	8.28
17	輸送機器	583	14.58	60.03	9.43	22.00	20.85
18	精密機械	348	68.39	16.95	0.00	4.59	4.25
19	武器	30	76.67	23.33	0.00	6.70	6.70
20	雑品	233	5.58	34.33	0.00	19.01	17.67
21	美術品	10	40.00	0.00	0.00	6.00	4.80
	22部門計	9369	32.37	29.34	0.63	10.62	9.53

注1：MFN 無税品目は，全品目数に対する割合である．
注2：関税が削減されていない品目は，全品目数に対する割合であり，FTA 税率を
　　　MFN 税率と比較して判断した．
注3：非従価関税品目は，MFN 関税と FTA 関税のどちらかが従価関税でない品目の
　　　全品目数に対する割合である．
注4：MFN 平均関税率，FTA 平均関税率は，MFN と FTA の両方で従価関税である品
　　　目のみの単純平均である．FTA 適用除外品目には MFN 関税率を用いている．
出所：UNCTAD の TRAINS データベースより筆者作成

第3章

データ・基本統計量

3.1 データ出所

本章では分析に用いるデータの出所を示し，近年の日本の貿易額の推移を俯瞰的な視点からとらえる．日本の貿易データは財務省貿易統計である．財務省貿易統計は，相手国別かつ品目別の月次貿易額・貿易量のデータである．品目分類はHS9桁レベルであり，すべての品目がHS2桁を基準に，第1部から第21部に分類されている．ただし，本書のすべての章で第16部を一般機械と電気機械にわけ，22分類とした．本書では，この22分類を「部門」と定義し，HS2桁以上の分類を「品目」と定義する．HS2桁の1品目が1部門を形成している場合もあるが，便宜的に使いわけることとする．また，品目コードは2002年，2007年，2012年に大幅な改定が行われている．そのため，品目レベルの分析を行う際には，分析対象期間内で一貫するコードをHS6桁レベルで作成し，貿易額・貿易量をそれぞれ集計した．貿易量を集計する際には数量の単位が統一されているか確認し，統一されていない品目は貿易量を用いる分析の対象から外した．

また，2000年から2014年の貿易統計には，233ヵ国・地域との輸出入が記録されているが，国名符号148の相手国・地域は2000年にしか輸出入が記録されておらず，符号表に国名の記載がないため分析から除外した．さらに，輸出の記録には指図式，輸入には不明と保税工場・総合保税地域が含まれているが，これらの3区分も分析から除外し，229ヵ国・地域を対象とした．全対象国・地域との輸出入額は，本章末の附表9，附表10に示す通りである．

GDPなどのマクロ変数はPenn World Table 8.0から入手した[11]．具体的には，支出側で測定した購買力平価換算の実質GDPであるrgdpeをGDPとして利用する．これを人口で割ったものを一人当たりGDPとし，支出側の物価を表すpl_gdpeを物価水準とした．また，日本との距離といった地理的な情報はCEPIIのデータを用いる．Penn World Table 8.0は2011年までを対象としており，カバーされる国も貿易統計と異なっている．そのため，マクロ変数を用いた分析の場合，対象国は159ヵ国であり，対象年は2000年から2011年の12年間となる．貿易統計のみを用いる場合には229ヵ国・2014年までの15年間が対象である．

3.2 相手国別・部門別にみる日本の貿易

本節では日本の貿易に関して，近年の動向を概観する．表17は日本の相手国別輸出額であり，2000年，2007年，2014年における輸出額を上位30ヵ国について示した．全相手国については附表9を参照されたい．この期間における最大の輸出相手国はアメリカであり，中国，韓国，台湾，香港と続く．これら上位5ヵ国は，2014年における日本からの輸出額のおよそ55％を占めているが，日本はどの国ともFTAを締結していない．これはカナダ・メキシコとNAFTAを形成するアメリカや，域内統合を進めるヨーロッパ各国と著しく対照的であり，日本のFTA戦略はやや遅れているといえるだろう．

表18は輸入額上位30ヵ国に関する同様の表である．全相手国の情報は附表10に示した．主な輸入相手国は輸出相手国と大きく変わるわけではないが，サウジアラビアやアラブ首長国連邦といった産油国あるいは資源国が上位に入る点が若干異なっている．輸入側からみても，2015年にFTAが発効したオーストラリアを除いて，最も貿易額の大きい国々とはFTAを締結していない．ただし，全体として貿易額の小さい国とFTAを締結しているとはいえない．輸出額・輸入額のどちらからみても2014年の上位30ヵ国のうち9ヵ国はFTA締結国である．なお，最も貿易額の小さいFTA締結国はラオ

---

[11] Penn World Table 8.0のより詳細な情報については，下記のウェブサイトとFeenstra, Inklaar, and Timmer（2015）を参照されたい．http://www.rug.nl/ggdc/productivity/pwt/

第3章　データ・基本統計量

表17　日本の相手国別輸出額（10億円）

順位	2000年		2007年		2014年	
	国名	輸出額	国名	輸出額	国名	輸出額
1	アメリカ合衆国	14785	アメリカ合衆国	16174	アメリカ合衆国	13011
2	台湾	3747	中華人民共和国	12029	中華人民共和国	12767
3	大韓民国	3196	大韓民国	6070	大韓民国	5209
4	中華人民共和国	3190	台湾	4992	台湾	4011
5	香港	2815	香港	4110	香港	3452
6	シンガポール	2094	タイ	2912	タイ	3195
7	ドイツ	2050	ドイツ	2531	シンガポール	1949
8	英国	1539	シンガポール	2251	ドイツ	1860
9	マレーシア	1447	オランダ	2091	インドネシア	1531
10	タイ	1427	英国	1792	オーストラリア	1473
11	オランダ	1338	マレーシア	1679	マレーシア	1419
12	フィリピン	1053	オーストラリア	1597	オランダ	1318
13	オーストラリア	905	ロシア	1258	ベトナム	1202
14	インドネシア	808	カナダ	1209	メキシコ	1101
15	カナダ	792	メキシコ	1139	英国	1034
16	フランス	763	フィリピン	1084	フィリピン	987
17	パナマ	695	インドネシア	1029	アラブ首長国連邦	985
18	イタリア	615	パナマ	1014	ロシア	964
19	メキシコ	549	フランス	930	インド	825
20	ベルギー	549	アラブ首長国連邦	923	カナダ	814
21	スペイン	340	ベルギー	896	サウジアラビア	799
22	サウジアラビア	330	サウジアラビア	788	パナマ	742
23	アラブ首長国連邦	267	イタリア	772	フランス	577
24	ブラジル	264	インド	703	ベルギー	568
25	インド	262	ベトナム	640	ブラジル	487
26	スウェーデン	217	スペイン	637	オマーン	371
27	アイルランド	202	南アフリカ共和国	537	イタリア	350
28	南アフリカ共和国	199	ブラジル	454	南アフリカ共和国	338
29	スイス	196	トルコ	320	スイス	270
30	ベトナム	188	オマーン	295	スペイン	233
世界合計		49840		79749		69297

出所：財務省貿易統計より筆者作成

スだが，日本とはすべての月で輸出入を行っている．

　表19は22部門に分類された部門別輸出額である．表19における輸出額は，2000年から2014年の年平均輸出額を表している．また，図2と図3には部門別輸出額の動向を上位から5部門ずつ示している．縦軸の単位は10億円

表18　日本の相手国別輸入額（10億円）

順位	2000年		2007年		2014年	
	国名	輸入額	国名	輸入額	国名	輸入額
1	アメリカ合衆国	7620	中華人民共和国	14865	中華人民共和国	19033
2	中華人民共和国	5894	アメリカ合衆国	8189	アメリカ合衆国	7413
3	大韓民国	2171	サウジアラビア	4146	オーストラリア	5086
4	台湾	1872	アラブ首長国連邦	3800	サウジアラビア	5014
5	インドネシア	1759	オーストラリア	3669	アラブ首長国連邦	4398
6	アラブ首長国連邦	1599	大韓民国	3123	カタール	3537
7	オーストラリア	1587	インドネシア	3109	大韓民国	3407
8	サウジアラビア	1529	ドイツ	2260	マレーシア	2980
9	マレーシア	1525	台湾	2115	インドネシア	2703
10	ドイツ	1352	タイ	2021	ロシア	2615
11	タイ	1096	カタール	1988	ドイツ	2533
12	カナダ	933	マレーシア	1937	台湾	2370
13	フィリピン	742	イラン	1485	タイ	2266
14	英国	696	ロシア	1239	ベトナム	1617
15	フランス	683	フランス	1171	クウェート	1305
16	シンガポール	664	カナダ	1170	フランス	1207
17	カタール	632	クウェート	1165	カナダ	1184
18	イラン	578	フィリピン	990	フィリピン	1036
19	イタリア	569	チリ	958	ブラジル	1022
20	クウェート	538	南アフリカ共和国	908	イタリア	907
21	ロシア	491	英国	874	チリ	860
22	アイルランド	392	イタリア	849	スイス	761
23	スイス	352	シンガポール	733	インド	737
24	南アフリカ共和国	323	ベトナム	712	シンガポール	730
25	ブラジル	322	ブラジル	704	英国	667
26	チリ	306	スイス	611	イラン	653
27	スウェーデン	292	インド	488	南アフリカ共和国	603
28	ベトナム	284	アイルランド	470	ナイジェリア	473
29	インド	282	オマーン	421	メキシコ	450
30	メキシコ	255	メキシコ	369	オランダ	443
世界合計		40342		71935		84803

出所：財務省貿易統計より筆者作成

であり，対数グラフである点に注意されたい．日本の輸出額が最も大きい部
門は輸送機器，一般機械，電気機械である．これら3部門は日本の輸出額の
60％以上を占めており，2000年代初頭にはほぼ同額で推移していた．しかし，
2006年から輸送機器が突出するようになり，さらに2010年から一般機械と

第3章　データ・基本統計量

表19　日本の部門別輸出額（10億円）

順位	部門ID	部門名	HSコード	輸出額	シェア(%)
1	17	輸送機器	86-89	15236.7	24.76
2	16.1	一般機械	84	12744.8	20.71
3	16.2	電気機械	85	12174.0	19.78
4	15	金属製品	72-83	5274.6	8.57
5	6	化学製品	28-38	4628.9	7.52
6	18	精密機械	90-92	3786.5	6.15
7	7	プラスチック・ゴム製品	39, 40	3044.3	4.95
8	5	鉱物性生産品	25-27	932.3	1.52
9	11	繊維製品	50-63	858.9	1.40
10	13	土石製品	68-70	720.3	1.17
11	14	貴石・貴金属	71	684.4	1.11
12	20	雑品	94-96	575.5	0.94
13	10	パルプ・紙	47-49	398.6	0.65
14	4	飲食料品	16-24	212.4	0.35
15	1	動物性生産品	1-5	109.7	0.18
16	2	植物性生産品	6-14	54.6	0.09
17	8	皮革・毛皮製品	41-43	28.7	0.05
18	12	履物・帽子など	64-67	18.4	0.03
19	19	武器	93	14.4	0.02
20	21	美術品	97	12.2	0.02
21	3	油脂・ろう	15	11.3	0.02
22	9	木材製品	44-46	10.8	0.02

注：輸出額は，2000年から2014年の年平均輸出額である．
出所：財務省貿易統計より筆者作成

電気機械の間にも明確な差がみられるようになった．また，輸送機器の輸出額は東日本大震災時に減少したが，すぐに元の水準にまで回復している．化学製品や金属製品の輸出は2002年から金融危機まで急速に増加し，危機による急減の後は緩やかな増加に転じている．その一方で精密機械は2000年代初めに化学製品や金属製品を上回っていたが，その後の増加率は低く，急速に増加したプラスチック・ゴム製品と同程度の輸出額に落ち着いている．

図2　部門別輸出額（1-5位）

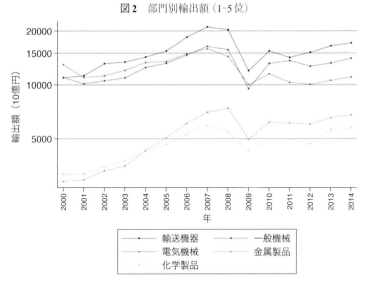

出所：財務省貿易統計より筆者作成

図3　部門別輸出額（6-10位）

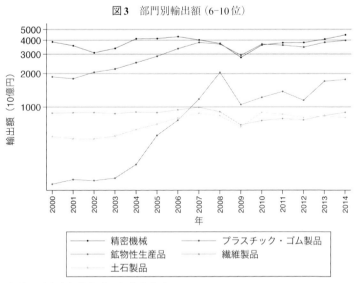

出所：財務省貿易統計より筆者作成

第3章　データ・基本統計量

表20　日本の部門別輸入額（10億円）

順位	部門ID	部門名	HSコード	輸入額	シェア(%)
1	5	鉱物性生産品	25-27	19561.1	32.61
2	16.2	電気機械	85	7198.2	12.00
3	16.1	一般機械	84	5401.4	9.00
4	6	化学製品	28-38	4184.2	6.97
5	11	繊維製品	50-63	3162.8	5.27
6	15	金属製品	72-83	2816.0	4.69
7	18	精密機械	90-92	2336.6	3.89
8	1	動物性生産品	1-5	2251.9	3.75
9	17	輸送機器	86-89	2076.2	3.46
10	4	飲食料品	16-24	2071.9	3.45
11	2	植物性生産品	6-14	1843.9	3.07
12	7	プラスチック・ゴム製品	39, 40	1442.5	2.40
13	20	雑品	94-96	1267.5	2.11
14	9	木材製品	44-46	1183.6	1.97
15	14	貴石・貴金属	71	983.6	1.64
16	10	パルプ・紙	47-49	544.0	0.91
17	8	皮革・毛皮製品	41-43	540.3	0.90
18	12	履物・帽子など	64-67	518.0	0.86
19	13	土石製品	68-70	445.2	0.74
20	3	油脂・ろう	15	109.6	0.18
21	21	美術品	97	31.0	0.05
22	19	武器	93	22.1	0.04

注：輸入額は，2000年から2014年の年平均輸入額である．
出所：財務省貿易統計より筆者作成

　また，2000年には非常に小額であった鉱物性生産品の輸出は資源価格の上昇に伴って急速に増加し，繊維製品や土石製品を上回るようになっている．
　表20は日本の部門別輸入額である．表20の輸入額は2000年から2014年の年平均輸入額である．また，図4と図5には輸出額と同様に，部門別輸入額の推移を上位から5部門ずつ示した．部門別輸入額では，鉱物性生産品が圧倒的な割合を占めており，年10兆円から30兆円で推移している．資源が

図4　部門別輸入額（1-5位）

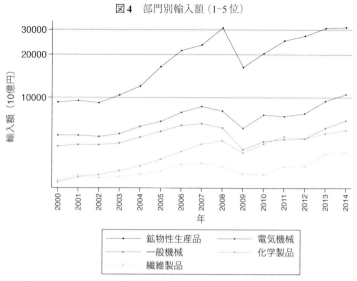

出所：財務省貿易統計より筆者作成

図5　部門別輸入額（6-10位）

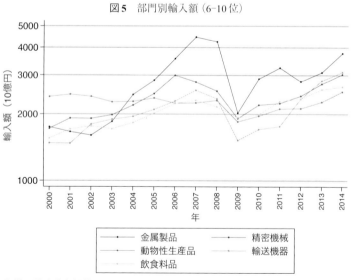

出所：財務省貿易統計より筆者作成

日本経済に果たす役割の大きさが明確に現れている．また，電気機械や一般機械，化学製品，金属製品といった輸出額での上位部門は輸入額も大きく，産業内貿易が活発に行われていることが示されている．多くの部門で輸入額は金融危機時に落ち込んでいるが，減少率は部門ごとに異なり，金属製品が最も大きく打撃を受け，輸入額は半減している．ただしどの部門も対象期間全体としては増加傾向にあり，特に化学製品の増加率が高い．

3.3 各FTA締結国との貿易額の推移

3.3.1 本節の概要

本小節では，各FTA締結国との貿易総額の推移を把握し，次小節から述べる部門別品目別の貿易額を概観する．表21はFTA締結国への輸出額の推移である．2000年のみ金額を記載し，他の年は2000年の輸出額で割って100をかけることで指数化している．また，FTA発効年以降は薄く色をつけて区別している．FTA発効年前後を比較すると，メキシコやチリ，ラオス，ベトナムのように，輸出額が大きく増加している相手国もあるが，シンガポールやフィリピンのように，ほとんど増加がみられない相手国もある．また，マレーシアやインドネシアは，金融危機の影響によって輸出額が大きく減少しており，FTAの効果を判断するのが難しい状態となっている．

輸出額と同様の内容を輸入額に関して示したのが表22である．シンガポールやフィリピンは，輸入額でもFTA発効の効果が現れているようにはみえない．その他の国に関しては，FTA発効後の輸入額が発効前に比べて高い水準にあるが，世界全体からの輸入額も金融危機時を除いて大きく増加しており，FTA締結国からの輸入額の増加がFTAによると断定することはできない．

次小節からは，各FTA締結国との貿易を部門・品目別を詳細に把握する．図6から図20には，各FTA締結国との輸出入額の推移を輸出入ともに上位5部門ずつ示した．実質化は行っていないため，金融危機直前には資源価格の高騰が大きく影響している点には注意されたい．また，表23から表37には，HS4桁の品目ごとに，2000年から2014年までの輸出入それぞれ上位5品目の年平均貿易額を記載した．ただし，HS4桁の品目コードは2002年，2007年，

表21　FTA締結国への輸出額の推移

国名	輸出額(10億円)	輸出額(2000年を100とする指数)														
	2000	2000	2001	2002	2003	2004	2005	2006	2007	2008	2009	2010	2011	2012	2013	2014
シンガポール	2094	100	77	76	73	82	86	94	107	120	82	96	94	79	85	93
メキシコ	549	100	89	84	75	101	137	187	207	184	113	150	145	151	169	200
マレーシア	1447	100	89	92	87	90	91	101	116	111	79	103	99	94	98	98
チリ	70	100	80	87	93	109	146	177	261	402	175	335	263	223	232	254
タイ	1427	100	98	112	126	149	169	181	204	208	140	204	203	237	238	224
インドネシア	808	100	94	94	100	117	121	102	127	157	104	169	172	197	202	189
ブルネイ	6	100	117	688	193	202	198	201	248	321	261	225	197	258	254	194
ラオス	2	100	57	70	69	50	86	94	194	284	313	240	273	464	518	643
ミャンマー	21	100	106	68	68	53	48	57	98	93	89	107	189	472	483	593
ベトナム	188	100	112	137	149	166	195	242	340	410	305	366	392	441	525	639
フィリピン	1053	100	89	93	91	92	91	96	103	95	69	88	81	86	86	94
スイス	196	100	102	89	100	102	102	112	134	162	131	149	176	136	129	138
カンボジア	5	100	110	156	116	159	161	176	239	355	196	260	305	345	371	494
インド	262	100	86	87	103	122	145	191	269	306	218	290	322	314	299	315
ペルー	38	100	88	90	70	65	79	116	170	268	140	230	191	217	253	207
世界合計	49840	100	94	100	105	118	126	144	160	155	102	128	125	122	133	139

出所：財務省貿易統計より筆者作成

表22　FTA締結国からの輸入額の推移

国名	輸入額(10億円)	輸入額(2000年を100とする指数)														
	2000	2000	2001	2002	2003	2004	2005	2006	2007	2008	2009	2010	2011	2012	2013	2014
シンガポール	664	100	92	85	86	91	99	117	110	108	77	91	89	92	95	110
メキシコ	255	100	94	87	80	91	108	127	144	154	101	119	124	137	160	176
マレーシア	1525	100	100	89	93	97	103	114	127	150	97	125	153	165	183	195
チリ	306	100	96	88	99	148	185	275	313	268	161	221	255	243	253	281
タイ	1096	100	110	114	120	132	149	170	184	187	130	161	172	168	193	207
インドネシア	1759	100	102	100	108	115	130	159	177	192	116	140	154	146	159	154
ブルネイ	178	100	116	107	119	115	142	152	165	264	174	202	255	268	260	238
ラオス	1	100	65	65	67	67	68	104	104	142	193	255	599	764	803	940
ミャンマー	13	100	96	107	126	152	176	224	271	255	249	264	367	419	579	711
ベトナム	284	100	111	111	126	146	176	215	251	329	225	248	318	420	485	570
フィリピン	742	100	102	107	106	117	110	120	133	112	76	89	92	96	117	140
スイス	352	100	112	116	126	147	158	168	173	187	166	168	176	185	202	216
カンボジア	6	100	143	167	183	191	207	247	286	222	236	325	436	575	1013	1457
インド	282	100	95	93	89	100	125	167	173	192	122	176	192	197	244	261
ペルー	37	100	138	143	134	198	208	412	703	583	413	510	499	598	672	498
世界合計	40342	100	110	110	110	132	170	204	231	310	204	249	284	283	313	321

出所：財務省貿易統計より筆者作成

2012年に若干改定されているため，対象期間を2000年と2001年，2002年から2006年，2007年から2011年，2012年から2014年の4期間にわけ，各期間で年平均貿易額を算出した．品目分類の変化があるため，時系列での比較は慎重に行うべきだが，HS4桁レベルのコード改定は多くないため，影響は限定的であると考えられる．なお，各HSコードに対応する品目名は附表11から附表14で示している．附表では，2002年のHSコードをベースに品目の名前を記述しているが，品目によってはHSコードの改定時に品目名も若干変化している．各期間における正確な品目名は，財務省貿易統計の輸入統計品目表を確認されたい．

3.3.2 シンガポール

　図6Aは日本のシンガポールへの部門別輸出額の推移である．日本はシンガポールに対して主に電気機械と一般機械を輸出しているが，輸出額は低下している．特に電気機械の減少が著しく，輸出額は2000年の9024億円から2014年の4338億円へと半減している．逆に鉱物性生産品の輸出は増加が激しく，2008年の輸出額は2004年の40倍以上である．化学製品や輸送機器の輸出額も増加しているが，変化は比較的緩やかとなっている．

　図6Bには，シンガポールからの輸入額の推移を示している．2000年には電気機械と一般機械が大きなシェアを保っていたが，これらの部門は輸出額と同様に輸入額も徐々に減少している．代わって増加しているのが化学製品の輸入であり，2012年以降には最大の輸入部門となっている．鉱物性生産品の輸入額は2004年頃から大きく増加しているが，輸出の場合とは異なり，金融危機以降は急速に減少している．

　表23はシンガポールとの主な貿易品目である．主な輸出品目は電気機械

表23　シンガポールとの貿易における主な品目（10億円）

A. 日本からの輸出品目

順位	第1期(2000-2001)		第2期(2002-2006)		第3期(2007-2011)		第4期(2012-2014)	
	HS番号	年平均輸出額	HS番号	年平均輸出額	HS番号	年平均輸出額	HS番号	年平均輸出額
1	8542	358.06	8542	290.13	2710	308.20	2710	293.02
2	8471	94.43	8901	86.70	8542	250.22	8542	171.47
3	8473	90.59	8473	84.22	8901	170.85	8901	134.72
4	8541	77.75	8703	74.78	8443	93.62	7108	77.87
5	8532	55.30	8541	63.22	7108	77.35	8443	77.54

B. 日本の輸入品目

順位	第1期(2000-2001)		第2期(2002-2006)		第3期(2007-2011)		第4期(2012-2014)	
	HS番号	年平均輸入額	HS番号	年平均輸入額	HS番号	年平均輸入額	HS番号	年平均輸入額
1	8471	167.12	8471	118.78	8542	122.96	3004	108.29
2	8542	119.03	8542	116.30	8471	69.73	8542	91.26
3	8473	56.93	8473	56.35	2710	66.33	8471	55.12
4	2710	32.17	2707	51.63	3004	36.02	4911	30.18
5	8524	14.61	2710	49.60	8473	21.26	2710	19.75

　注：輸出入額を期間ごとにHS4桁レベルで集計し，それぞれ上位5品目を記載した．
　出所：財務省貿易統計より筆者作成

図6 シンガポールとの部門別貿易額

A. 日本からの輸出部門

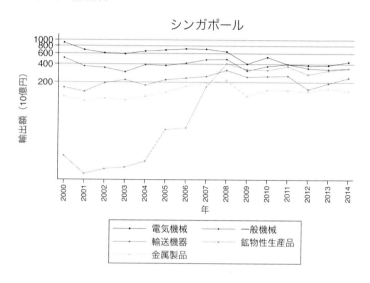

B. 日本の輸入部門

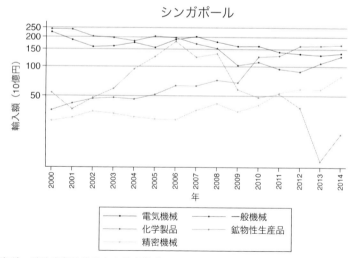

出所:財務省貿易統計より筆者作成

と一般機械であり，集積回路（HS8542）やパソコン（HS8471），その部分品（HS8473）などが多い．近年増加している鉱物性生産品の輸出品目は，石油製品（HS2710）である．船舶（HS8901）の輸出額が大きい点も特徴的である．主な輸入品目は輸出と変わらず，集積回路やパソコン，石油製品が上位に位置している．産業内貿易が盛んであるといえるだろう．近年には医薬品（HS3004）の輸入額も増加している．

3.3.3　メキシコ

　メキシコへの輸出入の推移は図7に示している．図7Aは日本からの部門別輸出額であり，一般機械や電気機械の輸出額は2000年から2003年にかけて減少しているが，2004年からは増加を示しており，FTAの影響を受けていると考えられる．ただし，2011年から電気機械の輸出は減少し，2014年時点では一般機械や金属製品よりも輸出額は小さくなっている．

　メキシコからの輸入額の推移は図7Bであり，輸入に関しては一次産品や機械類が多い．鉱物性生産品には一貫したトレンドがみられないが，電気機械や動物性生産品の輸入額は趨勢的に増加している．また，精密機械の輸入は2003年に急増し，以降も増加を続けている．

　表24はメキシコとの主な貿易品目である．最も輸出額が大きいのは自動車であり，部品（HS8708）・完成車（HS8703）ともに輸出の中で大きな割合を占めている．また，他に輸出額の大きい機械類としては，テレビやビデオカメラの部品（HS8529），蓄電池（HS8507）や液晶デバイスなどの光学機器（HS9013）があげられる．他に鉄鋼のフラットロール製品（HS7210）の輸出も多い．メキシコからの輸入は，医療機器（HS9018）が近年は上位に入り，自動車やパソコン（HS8471），原油（HS2709）などを上回るようになっている．機械類の他には，豚肉（HS0203）や塩（HS2501）の輸入も多い．

図7　メキシコとの部門別貿易額

A. 日本からの輸出部門

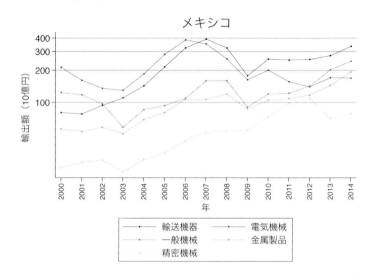

B. 日本の輸入部門

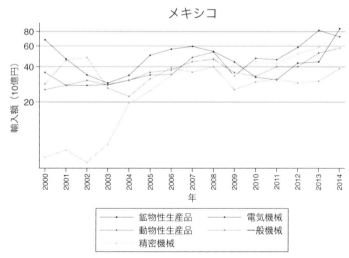

出所：財務省貿易統計より筆者作成

52

第3章　データ・基本統計量

表24　メキシコとの貿易における主な品目（10億円）

A. 日本からの輸出品目

順位	第1期 (2000-2001)		第2期 (2002-2006)		第3期 (2007-2011)		第4期 (2012-2014)	
	HS番号	年平均輸出額	HS番号	年平均輸出額	HS番号	年平均輸出額	HS番号	年平均輸出額
1	8708	62.52	8529	96.17	8708	152.64	8708	157.74
2	8507	35.71	8708	84.74	8529	112.06	8703	95.60
3	8540	22.88	8703	78.37	8703	106.35	9013	48.15
4	8542	19.86	7210	22.40	7210	35.62	8529	47.81
5	8473	15.23	8507	17.87	9013	28.44	7210	36.18

B. 日本の輸入品目

順位	第1期 (2000-2001)		第2期 (2002-2006)		第3期 (2007-2011)		第4期 (2012-2014)	
	HS番号	年平均輸入額	HS番号	年平均輸入額	HS番号	年平均輸入額	HS番号	年平均輸入額
1	2709	31.98	8471	21.58	9018	26.36	9018	40.68
2	8703	28.88	203	21.46	203	24.58	203	30.59
3	8471	27.58	8703	19.29	7106	22.11	8517	30.08
4	203	23.04	2501	14.74	2501	21.62	2501	20.35
5	2501	14.09	2613	14.57	9401	18.67	8703	19.86

注：輸出入額を期間ごとにHS4桁レベルで集計し，それぞれ上位5品目を記載した.
出所：財務省貿易統計より筆者作成

3.3.4　マレーシア

　図8はマレーシアとの貿易額の推移である．2000年代初めに日本からの輸出は電気機械が圧倒的に多く，2006年のFTA発効後にはさらに増加していた．ところが金融危機によって電気機械の輸出は落ち込み，以降はほとんど回復していない．近年は金属製品や輸送機器の輸出額が増加しており，電気機械に迫っている．

　マレーシアからの輸入は，鉱物性生産品と電気機械が中心である．ただし，2006年からは鉱物性生産品の輸入額が大きく増加し，圧倒的なシェアを占めるに至っている．また，輸出の場合とは異なり，電気機械の輸入額は金融危機による減少が一時的であり，すぐに元の水準に戻っている．一般機械の輸入額は減少しており，木材製品の輸入も近年には停滞しているが，プラスチック・ゴム製品の輸入は増加しているといえる．

　表25はマレーシアとの主な貿易品目である．主な輸出品は電気機械であり，集積回路（HS8542）の輸出は対象期間を通してトップだが，その金額は

53

図8 マレーシアとの部門別貿易額

A. 日本からの輸出部門

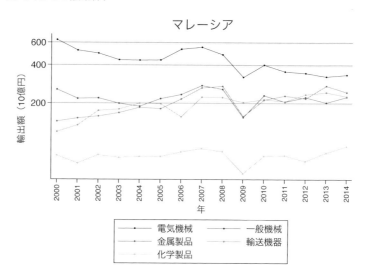

B. 日本の輸入部門

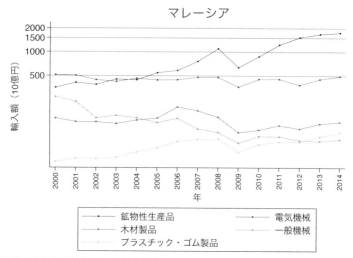

出所：財務省貿易統計より筆者作成

第3章　データ・基本統計量

表25　マレーシアとの貿易における主な品目（10億円）

A. 日本からの輸出品目

順位	第1期(2000-2001)		第2期(2002-2006)		第3期(2007-2011)		第4期(2012-2014)	
	HS番号	年平均輸出額	HS番号	年平均輸出額	HS番号	年平均輸出額	HS番号	年平均輸出額
1	8542	292.08	8542	217.91	8542	183.42	8542	124.21
2	8703	48.70	8708	62.77	8708	75.06	8703	98.97
3	8479	45.38	8703	55.09	8703	68.13	8708	77.51
4	8541	42.74	8541	47.81	7108	66.74	8541	73.40
5	8708	41.87	7108	35.32	8541	64.66	7305	41.53

B. 日本の輸入品目

順位	第1期(2000-2001)		第2期(2002-2006)		第3期(2007-2011)		第4期(2012-2014)	
	HS番号	年平均輸入額	HS番号	年平均輸入額	HS番号	年平均輸入額	HS番号	年平均輸入額
1	2711	312.82	2711	385.18	2711	769.44	2711	1255.43
2	8542	183.44	8542	134.48	2710	88.98	2710	312.11
3	8471	166.39	4412	91.57	4412	86.40	2709	84.36
4	8528	79.88	8471	70.80	8542	76.42	4412	83.96
5	4412	69.68	2709	46.57	8517	75.73	8517	83.36

注：輸出入額を期間ごとにHS4桁レベルで集計し，それぞれ上位5品目を記
　　載した.
出所：財務省貿易統計より筆者作成

減少している．集積回路は2007年のコード改定時において対応する品目が
変化しているが，全期間にわたる一貫した減少は分類の改定のみでは説明で
きない．代わって増加しているのは，半導体デバイス（HS8541）や自動車部
品（HS8708），完成車（HS8703）である．最も輸入の多い品目は鉱物性燃料
であり，特に天然ガス（HS2711）が大半を占める．原油（HS2709）や石油製
品（HS2710）の輸入も近年には非常に多くなっている．対照的に，集積回路
は輸入額からみても減少している．その他の輸入品目としては，合板
（HS4412）が特徴的である．

3.3.5　チリ

図9はチリに対する部門別貿易額を示している．チリへの輸出は輸送機器
が最も多く，2003年から2008年までは増加していたが近年は停滞している.
鉱物性生産品の輸出額は，2006年まで年500万円から2億4000万円程度で
あり，ほとんど輸出されていなかったが，2005年から激増した結果として，

図9 チリとの部門別貿易額

A. 日本からの輸出部門

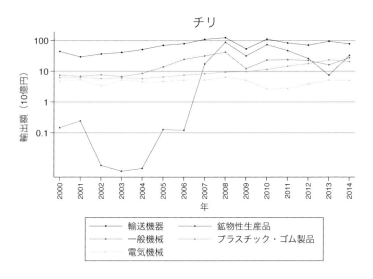

B. 日本の輸入部門

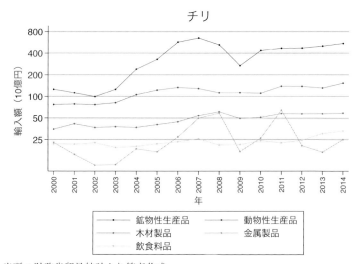

出所：財務省貿易統計より筆者作成

第3章　データ・基本統計量

表26　チリとの貿易における主な品目（10億円）

A. 日本からの輸出品目

順位	第1期(2000-2001)		第2期(2002-2006)		第3期(2007-2011)		第4期(2012-2014)	
	HS番号	年平均輸出額	HS番号	年平均輸出額	HS番号	年平均輸出額	HS番号	年平均輸出額
1	8703	18.72	8703	42.77	8703	76.71	8703	63.18
2	8704	12.67	8704	8.02	2710	50.70	2710	21.60
3	4011	5.10	4011	5.06	8704	14.47	4011	18.21
4	8708	2.15	8708	3.07	8429	9.18	8704	12.86
5	8901	1.45	8525	2.03	4011	9.12	7208	4.37

B. 日本の輸入品目

順位	第1期(2000-2001)		第2期(2002-2006)		第3期(2007-2011)		第4期(2012-2014)	
	HS番号	年平均輸入額	HS番号	年平均輸入額	HS番号	年平均輸入額	HS番号	年平均輸入額
1	2603	98.91	2603	212.21	2603	394.05	2603	454.55
2	303	48.73	2613	46.21	303	55.65	303	59.66
3	4401	25.29	303	46.10	2613	54.16	304	51.45
4	7403	18.91	4401	27.07	4401	45.36	4401	48.25
5	304	16.57	304	24.65	304	36.87	2613	30.38

注：輸出入額を期間ごとにHS4桁レベルで集計し，それぞれ上位5品目を記
　　載した.
出所：財務省貿易統計より筆者作成

2008年には872億円となっている．また，近年は一般機械やプラスチック・
ゴム製品の輸出が増加しているが，電気機械はあまり変わっていない．

　図9Bに示すように，チリからの輸入は一次産品が多く，特に鉱物性生産
品は2004年に大きく増加し，輸入の大半を占めるようになった．動物性生
産品や木材製品も緩やかながら増加しているが，金属製品の輸入額は変動が
激しい．

　表26はチリとの貿易額の大きい品目を示している．日本からは主に自動
車（HS8703, HS8704）や石油製品（HS2710）を輸出している．自動車部品
（HS8708）やゴムタイヤ（HS4011）の輸出額も大きい．輸入は一次産品や加
工度の低い品目が中心である．特に銅鉱（HS2603）が圧倒的であり，輸入額
は増加している．魚（HS0303, HS0304）やモリブデン鉱（HS2613），チップ
状の木材（HS4401）も主要な輸入品目である．

57

表27　タイとの貿易における主な品目（10億円）

A. 日本からの輸出品目

順位	第1期（2000-2001）		第2期（2002-2006）		第3期（2007-2011）		第4期（2012-2014）	
	HS番号	年平均輸出額	HS番号	年平均輸出額	HS番号	年平均輸出額	HS番号	年平均輸出額
1	8542	141.24	8542	186.04	8708	213.25	8708	307.40
2	8708	79.05	8708	142.46	8542	168.62	7208	116.83
3	8479	49.49	7208	82.68	7208	108.59	8409	110.06
4	8541	39.21	8541	60.69	7210	78.78	8542	96.54
5	8473	37.39	8409	56.39	8409	78.22	7210	83.70

B. 日本の輸入品目

順位	第1期（2000-2001）		第2期（2002-2006）		第3期（2007-2011）		第4期（2012-2014）	
	HS番号	年平均輸入額	HS番号	年平均輸入額	HS番号	年平均輸入額	HS番号	年平均輸入額
1	8471	104.43	8471	111.84	4001	102.59	1602	106.45
2	4001	44.78	4001	77.01	1602	78.63	4001	76.31
3	8517	41.27	8542	51.34	8471	74.13	8708	64.65
4	1605	35.14	8529	48.53	2710	50.47	8471	59.87
5	306	28.70	1602	43.64	8708	48.25	8443	54.09

注：輸出入額を期間ごとにHS4桁レベルで集計し，それぞれ上位5品目を記
　　載した．
出所：財務省貿易統計より筆者作成

3.3.6　タイ

　タイへの輸出は，図10Aに示すように，機械類や金属製品，化学製品が
多い．2000年代初めは電気機械と一般機械が主要な輸出部門であったが，
その後金属製品の輸出額が増加し，両部門と並ぶようになった．多くの部門
が金融危機で大きな影響を受けた後に急速に回復しているが，電気機械の輸
出額は近年減少を続けている．なお，2011年には洪水による大きな被害が
生じているが，その影響は年次輸出額にはほとんどみられない．

　タイからの輸入は図10Bに示しており，電気機械と一般機械が主な輸入部
門である．2000年代には両部門の輸入額は増加していたが，金融危機によ
る減少以降，元の水準には戻っていない．そのため，近年には，危機の影響
が軽微であった飲食料品や，危機から急速に回復したプラスチック・ゴム製
品とほとんど変わらない輸入額となっている．また，期間全体では特に金属
製品の輸入額の増加が著しい．

　表27はタイとの貿易の主要な品目である．主な輸出品目は，集積回路

図10 タイとの部門別貿易額

A. 日本からの輸出部門

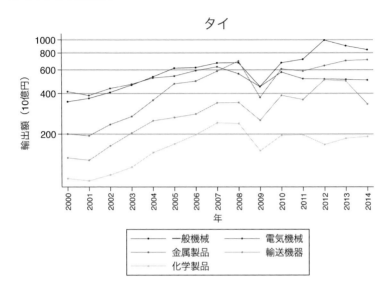

B. 日本の輸入部門

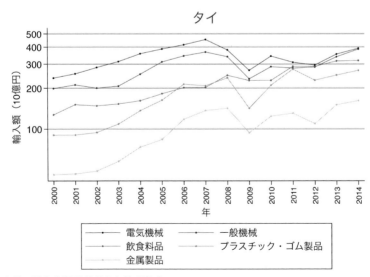

出所：財務省貿易統計より筆者作成

（HS8542）や自動車部品（HS8708）などの機械類と，鉄鋼のフラットロール製品（HS7208, HS7210）である．特に自動車部品の輸出は急速に増加しており，2007年以降は最も輸出額の大きい品目となっている．しかし，完成車の輸出は少なく，表を上位10品目に拡張しても完成車は主要品目に入らない．タイからの輸入は天然ゴム（HS4001）や調製した肉（HS1602）が多いものの，機械類も上位に入っている．特に，自動車部品は輸入額も近年増加している．一方でパソコン（HS8471）の輸入は減少している．

3.3.7　インドネシア

　インドネシアとの貿易額の動向は図11である．輸出は他のASEAN諸国と同様に機械類や金属製品が中心であり，近年には特にプラスチック・ゴム製品が増加している．他の部門でも若干の変動はあるものの，趨勢的に輸出額は増加しており，FTAが発効した2008年以降，輸出額はそれまでに比べておおむね高い水準にあるといえる．ただし，2000年に一般機械に次いで輸出額の大きかった電気機械の輸出は停滞している．

　輸入額は鉱物性生産品が圧倒的に多く，他の部門を大きく引き離して年1兆円から2兆円の間を推移している．他の部門ではプラスチック・ゴム製品を除いて輸入額の明確な増加はみられない．金属製品の輸入は2007年まで急速に増加したが，以降は停滞している．木材製品の輸入も期間全体では減少している．

　インドネシアとの主な貿易品目は表28の通りである．最も輸出額の大きい品目は自動車部品（HS8708）であり，特に近年は増加も著しい．完成車（HS8703, HS8704）やエンジン部品（HS8409）の輸出も盛んだが，集積回路（HS8542）の輸出額は大きく減少している．それに対して主な輸入品目は燃料である．具体的には，天然ガス（HS2711）や原油（HS2709），石炭（HS2701），石油製品（HS2710）である．他の品目も銅鉱（HS2603）や合板（HS4412），甲殻類（HS0306），天然ゴム（HS4001）など，いずれも加工度が低い．

第3章 データ・基本統計量

図11 インドネシアとの部門別貿易額

A. 日本からの輸出部門

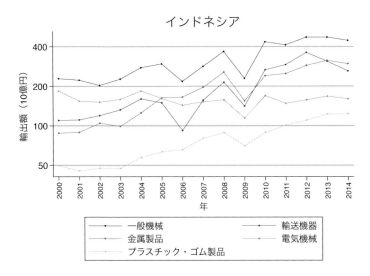

B. 日本の輸入部門

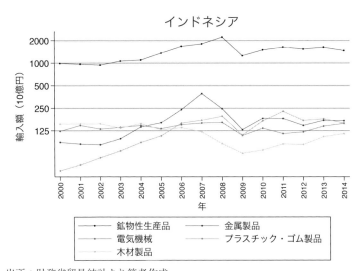

出所：財務省貿易統計より筆者作成

61

表28　インドネシアとの貿易における主な品目（10億円）

A. 日本からの輸出品目

順位	第1期(2000-2001)		第2期(2002-2006)		第3期(2007-2011)		第4期(2012-2014)	
	HS番号	年平均輸出額	HS番号	年平均輸出額	HS番号	年平均輸出額	HS番号	年平均輸出額
1	8708	61.61	8708	61.22	8708	93.93	8708	163.60
2	8542	55.83	8542	40.32	8704	63.28	8704	67.05
3	8409	29.09	8409	33.68	8429	45.13	8703	52.26
4	8473	22.30	8703	23.62	8703	38.00	8409	48.16
5	8714	18.96	8704	20.30	8409	34.10	7208	41.08

B. 日本の輸入品目

順位	第1期(2000-2001)		第2期(2002-2006)		第3期(2007-2011)		第4期(2012-2014)	
	HS番号	年平均輸入額	HS番号	年平均輸入額	HS番号	年平均輸入額	HS番号	年平均輸入額
1	2711	541.43	2711	583.55	2711	635.98	2711	519.58
2	2709	219.55	2709	224.12	2701	316.25	2709	442.20
3	4412	111.58	2701	131.78	2709	305.70	2701	352.93
4	306	69.83	2710	127.53	2603	179.64	4001	101.50
5	2710	61.87	2603	105.57	2710	154.71	7501	90.40

注：輸出入額を期間ごとにHS4桁レベルで集計し，それぞれ上位5品目を記
　　載した.
出所：財務省貿易統計より筆者作成

3.3.8　ブルネイ

　ブルネイとの貿易は図12に示すように金額が小さく変動が大きい. 部門
によっては貿易が行われなかった年もあり，その場合には折れ線をつないで
いない点に注意されたい. 日本からは主に機械類を輸出しており，特に輸送
機器が多く安定的に推移している. 2014年には大きく減少しているが，金
属製品も主要な輸出部門である. 他の部門は変動が激しく，評価は難しい.
　輸入はすべて石油であるといっても過言ではなく，年2000億円から5000
億円の間を推移している. 他の部門では継続した輸入が行われていない. ブ
ルネイからの輸入品目が非常に少ないことは，次節の表40と表41からも確
認できる.
　表29にはブルネイとの主な貿易品目を示している. 輸出の多くは自動車
であり，バス（HS8702），乗用車（HS8703），トラック（HS8704）のいずれも
輸出品目の上位に入っている. 鋼管（HS7304）の輸出も多く，金額も増加し
ている. 輸入は実質的に天然ガス（HS2711）と原油（HS2709）のみである.

第3章 データ・基本統計量

図12　ブルネイとの部門別貿易額

A. 日本からの輸出部門

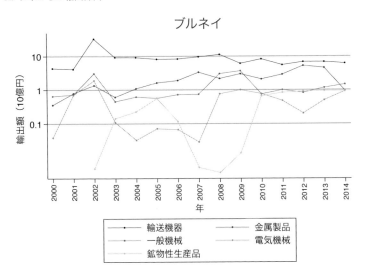

B. 日本の輸入部門

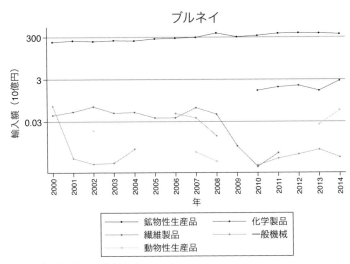

出所：財務省貿易統計より筆者作成

表29　ブルネイとの貿易における主な品目（10億円）

A. 日本からの輸出品目

順位	第1期(2000-2001)		第2期(2002-2006)		第3期(2007-2011)		第4期(2012-2014)	
	HS番号	年平均輸出額	HS番号	年平均輸出額	HS番号	年平均輸出額	HS番号	年平均輸出額
1	8703	3.90	8703	8.27	8703	7.10	8703	5.51
2	7304	0.29	8901	4.18	7304	2.20	7304	2.82
3	8544	0.27	7304	1.13	8702	0.52	2523	0.91
4	8704	0.18	8702	0.63	8704	0.42	8702	0.57
5	8407	0.16	8411	0.42	8414	0.39	8704	0.37

B. 日本の輸入品目

順位	第1期(2000-2001)		第2期(2002-2006)		第3期(2007-2011)		第4期(2012-2014)	
	HS番号	年平均輸入額	HS番号	年平均輸入額	HS番号	年平均輸入額	HS番号	年平均輸入額
1	2711	153.05	2711	184.66	2711	343.00	2711	419.67
2	2709	34.53	2709	40.91	2709	34.35	2709	33.48
3	2710	4.38	2710	0.35	2905	0.44	2905	1.69
4	8414	0.08	6110	0.03	6110	0.02	306	0.04
5	6110	0.03	6111	0.01	6114	0.01	8517	0.01

注：輸出入額を期間ごとにHS4桁レベルで集計し，それぞれ上位5品目を記載した.

出所：財務省貿易統計より筆者作成

3.3.9　ベトナム

図13はベトナムとの貿易の推移を表している．輸出は一般機械，金属製品，電気機械が多いが，どの部門でも輸出額は大きく増加している．特に他のASEAN加盟国への輸出額が減少している電気機械も，ベトナムに対しては大きく増加している点は特筆に値する．また，プラスチック・ゴム製品の増加率は特に高く，近年は相対的に増加率の低い繊維製品の輸出額を上回っている．

ベトナムからの輸入部門は，鉱物性生産品，繊維製品，電気機械が近年中心となっている．これら3部門と一般機械の輸入額の増加傾向は，図13Bに顕著に現れている．その一方で動物性生産品の輸入は停滞しており，2014年の輸入額は2000年とほとんど変わっていない．なお，鉱物性生産品の輸入は変動が大きく，金融危機時に大きく減少しているが，2010年を底に危機前の水準に戻っている．

表30に示すベトナムとの主な貿易品目によると，輸出の上位に位置する

64

第3章　データ・基本統計量

図13　ベトナムとの部門別貿易額

A. 日本からの輸出部門

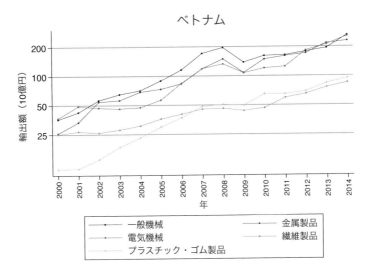

B. 日本の輸入部門

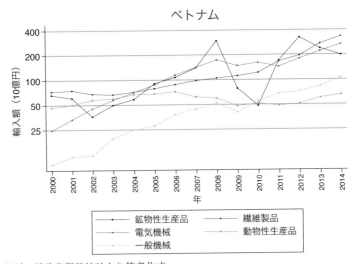

出所：財務省貿易統計より筆者作成

65

表 30　ベトナムとの貿易における主な品目（10億円）

A. 日本からの輸出品目

順位	第1期(2000-2001)		第2期(2002-2006)		第3期(2007-2011)		第4期(2012-2014)	
	HS番号	年平均輸出額	HS番号	年平均輸出額	HS番号	年平均輸出額	HS番号	年平均輸出額
1	8542	18.55	7208	13.15	7208	34.64	8542	60.91
2	8703	5.84	8536	11.43	8443	25.83	7208	58.11
3	7208	5.71	8429	11.33	8429	20.42	8443	32.16
4	8429	5.61	7209	10.95	8536	17.09	8536	30.26
5	8536	5.27	8542	8.71	7209	14.42	8479	28.74

B. 日本の輸入品目

順位	第1期(2000-2001)		第2期(2002-2006)		第3期(2007-2011)		第4期(2012-2014)	
	HS番号	年平均輸入額	HS番号	年平均輸入額	HS番号	年平均輸入額	HS番号	年平均輸入額
1	2709	55.74	2709	50.79	2709	115.68	2709	229.81
2	306	35.50	306	48.50	8544	78.40	8544	137.49
3	8544	15.97	8544	42.32	306	36.98	306	40.85
4	9403	11.23	9403	18.09	2701	25.18	9403	38.31
5	6211	10.97	2701	14.85	9403	24.74	4401	35.54

注：輸出入額を期間ごとに HS4桁レベルで集計し，それぞれ上位5品目を記載した．
出所：財務省貿易統計より筆者作成

のは一般機械，電気機械，鉄鋼であり，より具体的には集積回路（HS8542）やヒューズや継電器などの電子部品（HS8536），印刷機（HS8443），建設機械（HS8429），鉄鋼のフラットロール製品（HS7208）である．最も輸入額の大きい品目は原油（HS2709）や甲殻類（HS0306）であったが，近年はケーブル（HS8544），家具（HS9403）の輸入額が増加している．

3.3.10　ラオス

　図14はラオスとの主な貿易部門である．図14からわかるように，ラオスとの貿易もブルネイと同様に金額が非常に小さく，電気機械や金属製品の輸出額は激しく変動している．日本からの輸出の中心は機械類であり，2009年を除いて輸送機器の輸出額が最も大きい．また，2005年からは一般機械，2010年からは繊維製品の輸出額が大きく増加している．

　ラオスからの輸入も変動が大きく評価は難しい．2000年代初めの輸入は

第3章 データ・基本統計量

図14 ラオスとの部門別貿易額
A. 日本からの輸出部門

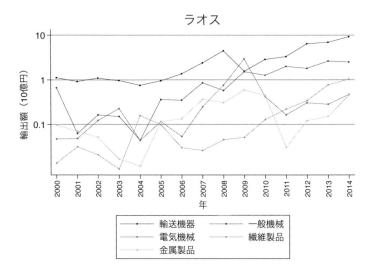

B. 日本の輸入部門

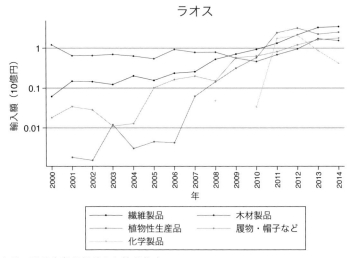

出所:財務省貿易統計より筆者作成

表31　ラオスとの貿易における主な品目（10億円）

A. 日本からの輸出品目

順位	第1期(2000-2001)		第2期(2002-2006)		第3期(2007-2011)		第4期(2012-2014)	
	HS番号	年平均輸出額	HS番号	年平均輸出額	HS番号	年平均輸出額	HS番号	年平均輸出額
1	8703	0.48	8703	0.46	8703	1.49	8703	4.09
2	8704	0.35	8704	0.35	8429	0.71	8704	1.92
3	8413	0.23	8702	0.09	8704	0.71	8429	1.57
4	8702	0.07	8429	0.05	8702	0.58	8702	1.21
5	3105	0.04	5002	0.05	8503	0.39	202	0.46

B. 日本の輸入品目

順位	第1期(2000-2001)		第2期(2002-2006)		第3期(2007-2011)		第4期(2012-2014)	
	HS番号	年平均輸入額	HS番号	年平均輸入額	HS番号	年平均輸入額	HS番号	年平均輸入額
1	4409	0.50	4409	0.42	901	0.64	901	2.31
2	4407	0.18	4407	0.15	6403	0.38	6403	1.10
3	4403	0.15	4421	0.05	6205	0.31	4402	0.95
4	4418	0.09	6109	0.05	2805	0.30	2805	0.88
5	6109	0.04	6403	0.04	4409	0.23	6203	0.80

注：輸出入額を期間ごとにHS4桁レベルで集計し，それぞれ上位5品目を記
　　載した.
出所：財務省貿易統計より筆者作成

木材製品が中心であったが，その後は停滞している．その一方で，繊維製品
や履物・帽子など，他の軽工業品の輸入額は大きく増加している．また，植
物性生産品の輸入額も2007年からの増加が著しく，2000年から2007年まで
輸入が記録されていない化学製品も，2011年からは主要な輸入部門となっ
ている．

　表31はラオスとの主な貿易品目である．ブルネイと同様に，輸出の多く
はバス（HS8702），乗用車（HS8703），トラック（HS8704）などの自動車であ
る．建設機械（HS8429）の輸出額も大きくなっている．2000年代初めの輸入
品目は木材製品（HS4403, HS4407, HS4409, HS4418）がほとんどであったが，
その後はコーヒー（HS0901）や履物（HS6403）が主要な輸入品目となってい
る．

3.3.11　ミャンマー

　ミャンマーとの貿易額は図15である．2000年代の輸出は輸送機器と一般

第3章 データ・基本統計量

図15 ミャンマーとの部門別貿易額

A. 日本からの輸出部門

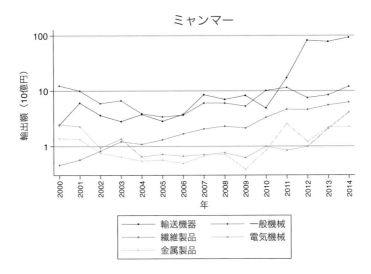

B. 日本の輸入部門

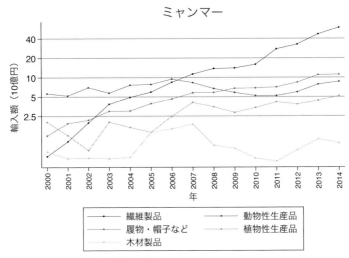

出所：財務省貿易統計より筆者作成

表32 ミャンマーとの貿易における主な品目（10億円）

A. 日本からの輸出品目

順位	第1期(2000-2001)		第2期(2002-2006)		第3期(2007-2011)		第4期(2012-2014)	
	HS番号	年平均輸出額	HS番号	年平均輸出額	HS番号	年平均輸出額	HS番号	年平均輸出額
1	8429	4.05	8429	2.21	8429	4.52	8703	45.70
2	8704	2.38	8704	1.97	8704	4.13	8704	32.85
3	8474	1.42	8430	0.46	8703	3.23	8429	4.46
4	8417	1.01	8703	0.38	5407	1.01	8702	2.21
5	8426	0.71	8702	0.31	8430	0.62	5407	1.85

B. 日本の輸入品目

順位	第1期(2000-2001)		第2期(2002-2006)		第3期(2007-2011)		第4期(2012-2014)	
	HS番号	年平均輸入額	HS番号	年平均輸入額	HS番号	年平均輸入額	HS番号	年平均輸入額
1	306	5.07	306	6.81	6403	6.31	6203	11.34
2	7403	1.66	6403	3.26	306	5.19	6403	9.20
3	6403	1.56	6203	2.37	6203	4.93	6201	8.99
4	1207	0.89	6205	1.48	6205	3.79	6202	7.05
5	713	0.71	1207	1.00	6201	3.31	6205	6.90

注：輸出入額を期間ごとにHS4桁レベルで集計し，それぞれ上位5品目を記載した．
出所：財務省貿易統計より筆者作成

機械が中心であったが，2011年，2012年に輸送機器の輸出額が激増し，2010年の49億円から2014年には920億円となっている．また，繊維製品の輸出が一貫して増加しており，一般機械に迫っている．ただし，輸送機器や繊維製品以外の部門でも，近年は輸出額の大きな増加がみられる．

輸入額からみても繊維製品の増加は著しく，2000年から2014年の間に100倍以上になっている．他に履物・帽子などや植物性生産品の輸入額も大きく増加している．それに対し，2000年代初めに最大の輸入部門であった動物性生産品の輸入額は，2014年までほとんど変化していない．

表32はミャンマーとの主な貿易品目である．日本からの輸出の中心は一般機械と輸送機器である．一般機械としては，建設機械（HS8429）の輸出が最も多い．輸送機器としては，乗用車（HS8703）とトラック（HS8704）の輸出額が大きく，特に第3期（2007年から2011年）から第4期（2012年から2014年）にかけて劇的に増加している．織物（HS5407）の輸出も多い．ミャンマーからの輸入は，甲殻類（HS0306）や採油用の種・果実（HS1207）がか

つては主要な品目であったが，近年は衣類（HS6201, HS6202, HS6203, HS6205）や履物（HS6403）が中心となっている．

3.3.12 フィリピン

図16にはフィリピンとの輸出入の動向を示している．図16Aからわかるように，フィリピンへの輸出は電気機械や一般機械が多いものの，これらは減少傾向にある．代わって金属製品や輸送機器の輸出が増加している．

一方で図16Bには部門別輸入額を示している．かつてはフィリピンからの輸入の多くを電気機械と一般機械が占めていたが，一般機械の輸入額は2004年と金融危機時に大きく低下した．電気機械も金融危機時には大きく輸入額が減少したが，その後は徐々に回復している．輸入額の増加が明確にみられる部門は植物性生産品のみである．

表33はフィリピンとの貿易における主要な品目である．輸出の多くを占めるのは機械類であり，集積回路（HS8542）とパソコンの部品（HS8473）が

表33　フィリピンとの貿易における主な品目（10億円）

A. 日本からの輸出品目

順位	第1期 (2000–2001)		第2期 (2002–2006)		第3期 (2007–2011)		第4期 (2012–2014)	
	HS番号	年平均輸出額	HS番号	年平均輸出額	HS番号	年平均輸出額	HS番号	年平均輸出額
1	8542	205.41	8542	172.95	8542	105.39	8542	82.75
2	8473	103.77	8473	90.18	8708	29.95	8505	37.89
3	8479	35.35	8541	34.37	8541	27.85	8704	29.80
4	8541	31.19	8708	31.81	8473	25.49	8523	26.58
5	8534	30.91	8534	27.47	7208	22.50	8708	25.85

B. 日本の輸入品目

順位	第1期 (2000–2001)		第2期 (2002–2006)		第3期 (2007–2011)		第4期 (2012–2014)	
	HS番号	年平均輸入額	HS番号	年平均輸入額	HS番号	年平均輸入額	HS番号	年平均輸入額
1	8542	160.34	8542	150.45	803	72.48	8544	77.13
2	8471	132.78	8471	111.56	8542	72.33	803	72.77
3	8473	66.39	803	53.28	8544	57.03	8541	66.87
4	803	41.15	8544	43.68	8471	48.03	4418	64.58
5	8544	30.98	8473	40.58	4418	31.90	7501	40.94

注：輸出入額を期間ごとにHS4桁レベルで集計し，それぞれ上位5品目を記載した．
出所：財務省貿易統計より筆者作成

図16 フィリピンとの部門別貿易額

A. 日本からの輸出部門

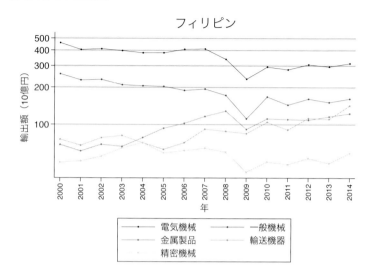

B. 日本の輸入部門

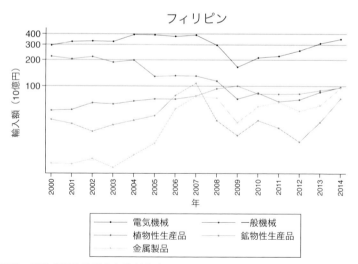

出所:財務省貿易統計より筆者作成

その中心である．ただしこれらの品目の輸出額は減少しており，特にパソコン部品は第4期（2012年から2014年）には上位5品目に含まれていない．また，半導体デバイス（HS8541）や印刷回路（HS8534）の輸出も上位には入らなくなっている．代わって増加しているのは，トラック（HS8704）や自動車部品（HS8708）である．主な輸入品も集積回路やパソコン（HS8471）とその部品だが，これらの品目は輸出と同様に輸入額も減少している．代わって輸入額が増加している電気機器はケーブル（HS8544）である．その他にバナナ（HS0803）や木製建具（HS4418）が輸入されており，金額も増加している．

3.3.13　スイス

スイスとの貿易額の動向は図17である．日本からスイスへの輸出で特徴的な部門は貴石・貴金属である．2006年から2008年にかけて大きく増加し，以降は最大の輸出部門となっている．機械類の輸出額は総じて減少傾向にあり，特に電気機械は2000年から2014年の間に，輸出額はおよそ3分の1となっている．輸送機器の輸出額も減少している点は他のFTA相手国と異なるといえる．

スイスからの輸入の中心は化学製品と精密機械であり，両部門ともに増加傾向にある．飲食料品は2007年から2009年に激増し，その後は緩やかな増加に転じている．貴石・貴金属は輸出と同様に輸入額も比較的大きいが，輸出とは異なり大幅な増加は示していない．

表34にはスイスとの主な貿易品目を示している．日本からの主な輸出品目は乗用車（HS8703）だが，近年には貴金属の輸出も増加しており，具体的には金（HS7108）や白金（HS7110），それらを含んだ金属のくず（HS7112）が多い．医療用品（HS3002, HS3004）も主要な輸出品目である．逆にビデオカメラ（HS8525）の相対的な重要性は低下している．また，スイスからの主な輸入品目は，腕時計（HS9101, HS9102）と医療用品である．

図17 スイスとの部門別貿易額

A. 日本からの輸出部門

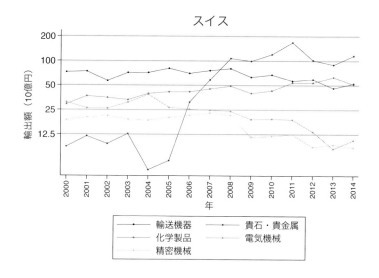

B. 日本の輸入部門

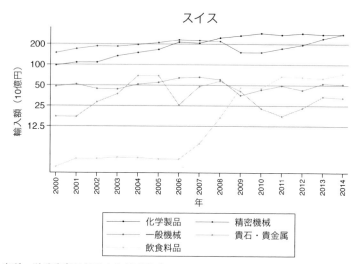

出所:財務省貿易統計より筆者作成

第3章　データ・基本統計量

表34　スイスとの貿易における主な品目（10億円）

A. 日本からの輸出品目

順位	第1期 (2000–2001)		第2期 (2002–2006)		第3期 (2007–2011)		第4期 (2012–2014)	
	HS番号	年平均輸出額	HS番号	年平均輸出額	HS番号	年平均輸出額	HS番号	年平均輸出額
1	8703	57.89	8703	58.75	8703	60.33	8703	46.60
2	8525	8.02	8525	14.29	7112	43.98	7112	33.84
3	2933	6.88	9018	9.17	7108	35.94	7110	28.75
4	9018	6.33	2933	8.47	7110	21.69	3002	28.59
5	2932	4.55	3004	6.58	3004	11.20	7108	20.79

B. 日本の輸入品目

順位	第1期 (2000–2001)		第2期 (2002–2006)		第3期 (2007–2011)		第4期 (2012–2014)	
	HS番号	年平均輸入額	HS番号	年平均輸入額	HS番号	年平均輸入額	HS番号	年平均輸入額
1	9102	92.48	9102	109.44	9102	89.60	3002	126.71
2	9101	28.28	3004	60.59	3004	89.39	9102	119.70
3	3004	21.26	9101	37.27	3002	72.43	3004	91.09
4	2934	20.92	7108	28.81	2933	38.92	2402	56.86
5	9021	17.90	9021	28.43	9101	34.63	9101	48.95

注：輸出入額を期間ごとにHS4桁レベルで集計し，それぞれ上位5品目を記
　　載した.
出所：財務省貿易統計より筆者作成

3.3.14　カンボジア

　カンボジアに対する部門別輸出入額は図18に示している．部門構成はラオスと似通っており，輸送機器の輸出が最も多い．また，一般機械や繊維製品の輸出が大きく増加している点も共通している．

　カンボジアからの輸入部門は，履物・帽子などや繊維製品であり，両部門とも輸入額が増加しているが，特に繊維製品の増加率が高く，2011年からは最大の輸入部門となっている．他の部門は安定的な輸入が行われていないが，2011年までほとんど輸入されていなかった電気機械は，近年急速に輸入が増加している．皮革・毛皮製品や動物性生産品の輸入額増加も大きい.

　表35はカンボジアとの主な貿易品目である．主な輸出品目は輸送機器と一般機械であることがわかる．輸送機器としては，自動車ではなく船舶（HS8901）やバイク（HS8711），自転車（HS8712）の輸出が多い．一般機械には建設機械（HS8429）や繊維製品の製造に用いる機械（HS8447）が含まれる．最大の輸入品目は一貫して履物（HS6403）である．2000年代初めには魚

75

図18 カンボジアとの部門別貿易額

A. 日本からの輸出部門

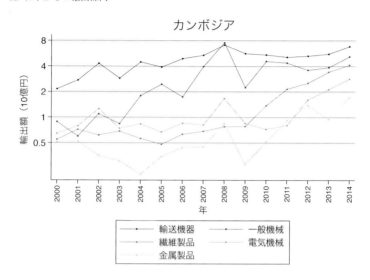

B. 日本の輸入部門

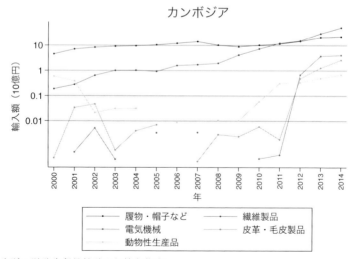

出所：財務省貿易統計より筆者作成

第3章　データ・基本統計量

表35　カンボジアとの貿易における主な品目（10億円）

A. 日本からの輸出品目

順位	第1期(2000-2001)		第2期(2002-2006)		第3期(2007-2011)		第4期(2012-2014)	
	HS番号	年平均輸出額	HS番号	年平均輸出額	HS番号	年平均輸出額	HS番号	年平均輸出額
1	8711	0.92	8901	1.46	8901	2.07	8711	2.14
2	8901	0.74	8711	1.05	8447	1.81	8429	1.67
3	8528	0.28	8712	0.41	8711	1.52	202	1.55
4	6309	0.26	8447	0.40	8429	1.10	6309	0.84
5	8703	0.23	8528	0.32	8712	0.55	8901	0.82

B. 日本の輸入品目

順位	第1期(2000-2001)		第2期(2002-2006)		第3期(2007-2011)		第4期(2012-2014)	
	HS番号	年平均輸入額	HS番号	年平均輸入額	HS番号	年平均輸入額	HS番号	年平均輸入額
1	6403	5.74	6403	9.77	6403	10.58	6403	15.48
2	303	0.43	6110	0.46	6203	1.73	6204	7.83
3	4407	0.09	6402	0.16	6204	1.19	6203	6.99
4	4409	0.07	6201	0.14	6110	1.07	6110	6.28
5	9403	0.06	6106	0.07	6109	0.39	8544	2.46

注：輸出入額を期間ごとにHS4桁レベルで集計し，それぞれ上位5品目を記
載した．

出所：財務省貿易統計より筆者作成

（HS0303）や木材（HS4407, HS4409）が次点に位置していたが，その後は衣
類（HS6109, HS6110, HS6201, HS6203, HS6204）が大きく増加し，上位品目と
なっている．

3.3.15　インド

インドの貿易額の推移は図19であり，日本からの主な輸出部門は一般機
械と金属製品である．一般機械は一貫して最大の輸出部門であり，金属製品
は2006年頃から大きく増加し，2010年から電気機械を引き離している．電
気機械や輸送機器の輸出額は2001年から2007年頃まで大きく増加したが，
以降はほとんど増加していない．

輸入額の大半を占めるのは鉱物性生産品であり，特に2005年，2006年の
増加が激しい．また，化学製品の輸入額が一貫して増加しており，2000年
から2014年の間に10倍程度となっている．貴石・貴金属や動物性生産品の
輸入額は，むしろ減少している．

図19 インドとの部門別貿易額

A. 日本からの輸出部門

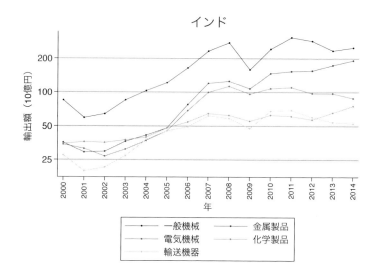

B. 日本の輸入部門

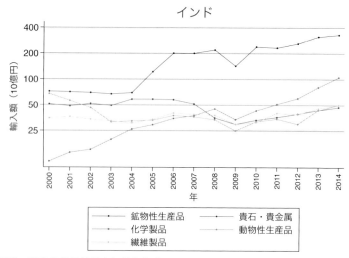

出所：財務省貿易統計より筆者作成

第3章　データ・基本統計量

表36　インドとの貿易における主な品目（10億円）

A. 日本からの輸出品目

順位	第1期(2000-2001)		第2期(2002-2006)		第3期(2007-2011)		第4期(2012-2014)	
	HS番号	年平均輸出額	HS番号	年平均輸出額	HS番号	年平均輸出額	HS番号	年平均輸出額
1	8708	17.40	8708	27.81	8708	46.07	8708	48.85
2	8409	13.45	8409	10.02	2710	19.45	7208	30.44
3	8207	5.95	8479	6.51	7225	18.94	7225	29.34
4	3702	4.85	7210	6.42	7210	15.66	7210	19.65
5	2902	4.29	7225	6.31	7208	14.71	2704	16.91

B. 日本の輸入品目

順位	第1期(2000-2001)		第2期(2002-2006)		第3期(2007-2011)		第4期(2012-2014)	
	HS番号	年平均輸入額	HS番号	年平均輸入額	HS番号	年平均輸入額	HS番号	年平均輸入額
1	306	54.30	7102	50.13	2710	137.11	2710	257.64
2	7102	45.60	2710	48.86	2601	48.23	7102	38.95
3	2601	42.67	2601	46.41	2304	34.05	306	30.61
4	2710	21.01	306	27.57	7102	31.53	2933	26.40
5	5205	8.11	2304	9.01	306	22.93	2601	26.11

注：輸出入額を期間ごとにHS4桁レベルで集計し，それぞれ上位5品目を記載した.
出所：財務省貿易統計より筆者作成

　表36にはインドとの貿易における主な品目を示している．主な輸出品目は一般機械，輸送機器と鉄鋼だが，品目レベルでみると，エンジン部品（HS8409）の輸出は相対的に減少している．自動車部品（HS8708）と鉄鋼や合金鋼のフラットロール製品（HS7208, HS7210, HS7225）が多く，輸出額も上昇している．ただし，タイと同様に完成車の輸出は少なく，すべての期間で上位10品目にも入らない．主な輸入品目は一次産品であり，より具体的には，甲殻類（HS0306）や鉄鉱（HS2601），石油製品（HS2710），ダイヤモンド（HS7102），大豆かす（HS2304）と多岐にわたるが，近年は石油製品が特に大きな割合を占めている．

3.3.16　ペルー

　最後にペルーとの貿易を図20に示した．ペルーへの輸出の大半は輸送機器であり，2006年から2008年に大きく増加した．金属製品やプラスチック・ゴム製品の輸出も増加しているが，依然として輸送機器との差は大きい．ま

図20　ペルーとの部門別貿易額

A. 日本からの輸出部門

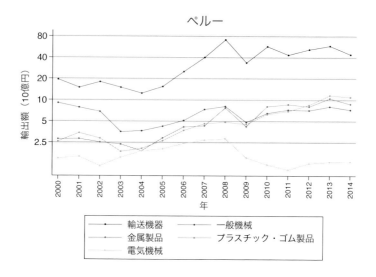

B. 日本の輸入部門

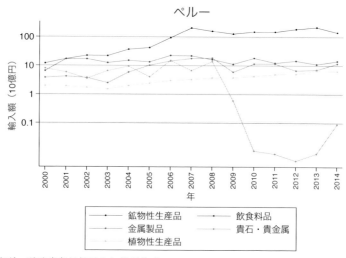

出所：財務省貿易統計より筆者作成

第3章　データ・基本統計量

表37　ペルーとの貿易における主な品目（10億円）

A. 日本からの輸出品目

順位	第1期 (2000-2001)		第2期 (2002-2006)		第3期 (2007-2011)		第4期 (2012-2014)	
	HS番号	年平均輸出額	HS番号	年平均輸出額	HS番号	年平均輸出額	HS番号	年平均輸出額
1	8703	18.72	8703	42.77	8703	76.71	8703	63.18
2	8704	12.67	8704	8.02	2710	50.70	2710	21.60
3	4011	5.10	4011	5.06	8704	14.47	4011	18.21
4	8708	2.15	8708	3.07	8429	9.18	8704	12.86
5	8901	1.45	8525	2.03	4011	9.12	7208	4.37

B. 日本の輸入品目

順位	第1期 (2000-2001)		第2期 (2002-2006)		第3期 (2007-2011)		第4期 (2012-2014)	
	HS番号	年平均輸入額	HS番号	年平均輸入額	HS番号	年平均輸入額	HS番号	年平均輸入額
1	2301	11.30	2603	24.67	2603	114.26	2603	104.87
2	7106	6.86	2301	15.55	2608	20.88	2711	41.90
3	2608	4.15	2608	10.28	2301	15.12	2710	14.64
4	2603	4.00	7106	7.69	2710	8.34	2301	12.08
5	2616	2.79	7403	4.73	7403	7.24	2608	11.20

注：輸出入額を期間ごとにHS4桁レベルで集計し，それぞれ上位5品目を記載した．

出所：財務省貿易統計より筆者作成

た，電気機械の輸出額は金融危機以降低迷している．

それに対し，輸入の多くは鉱物性生産品であり，2006年，2007年に大きく増加している．貴石・貴金属の輸入額が2009年，2010年に激減している点を除き，その他の部門に大きな変化はない．

表37はペルーとの主な貿易品目を示している．輸出額の最も大きい品目は自動車であり，乗用車（HS8703），トラック（HS8704）の金額が大きいが，自動車部品（HS8708）やゴムタイヤ（HS4011）も輸出されている．石油製品（HS2710）も主要な輸出品目となっている．輸入品の多くは一次産品であり，くず肉や魚の粉（HS2301）の他に，銀（HS7106），銅鉱（HS2603），亜鉛鉱（HS2608）といった鉱物があげられる．精製銅（HS7403）や石油製品（HS2710），天然ガス（HS2711）の輸入も多い．

3.3.17　本節のまとめ

本節では，各FTA締結国との輸出入部門の変遷と詳細な貿易品目を相手

国別に記述してきた．結果を要約すると，次のようになる．まず，日本の輸出部門は機械類や化学製品，金属製品が中心であり，部門構成や品目は相手国によって異なるものの，一定の傾向はみられた．ASEAN 主要国には，主に電気機械や一般機械を輸出しているが，電気機械の輸出額はほとんどの国で減少している．特に品目レベルでみると，集積回路の輸出額減少が顕著に現れている．ASEAN 内の低所得国や中南米の国々に対しては，自動車を中心とする輸送機器が主な輸出部門であり，おおむね増加傾向にある．ASEAN 内の低所得国については繊維製品の輸出も大きく増加していた．

　輸入部門の中心は鉱物性生産品であり，特に原油や天然ガス，石油製品といった燃料が大きな割合を占めている．農水産品については，相手国ごとに特色ある輸入品目がみられた．その一方で，ASEAN 主要国からは機械類の輸入も多く，ASEAN 内の低所得国からは近年衣類などの繊維製品の輸入が大きく増加している．産業内貿易が活発に行われているといえる．

3.4　FTA 締結国との貿易品目数の推移

　本節では日本の貿易品目数の推移を概観する．表38から表41はそれぞれ輸出入品目数の相手国別推移であり，貿易額と同様に2000年の品目数が100となるよう指数化している．ただし，2000年に限っては，数えた品目数をそのまま記載している．また，表38と表40はHS9桁の品目数であり，表39と表41はHS6桁を修正した分類の品目数である．財務省貿易統計における細品目分類はHS9桁だが，9桁レベルのHSコードは毎年改定されているため，時系列での比較は不正確にならざるを得ない．また，HS9桁は輸出と輸入でも品目分類が異なるため，品目数を輸出入で直接比較することはできない．そのため，品目をHS6桁レベルに集計し，さらに2000年から2011年まで一貫するコードを作成し，その品目数を示した．

　表38と表39は，FTA 締結国に対する輸出品目数の年別推移である．表38のHS9桁で数えた場合，日本の輸出品目数は毎年6000前後である．FTA 相手国で品目数が最も多いのはタイであり，ほとんどの年で4000以上の品目を輸出している．シンガポールやインドネシアへの輸出品目数も多い．逆にブルネイやラオス，カンボジアへの輸出品目数は少なく，ほとんど1000に

表38　日本のFTA締結国への輸出品目数（HS9桁レベル）

国名	輸出品目数 2000	2000	2001	2002	2003	2004	2005	2006	2007	2008	2009	2010	2011	2012	2013	2014
シンガポール	4024	100	98	98	96	95	94	95	94	93	88	88	88	86	86	87
メキシコ	2031	100	98	94	92	92	91	94	93	89	83	86	90	89	96	99
マレーシア	3551	100	100	99	98	97	95	97	94	94	90	91	90	91	90	93
チリ	1141	100	92	92	92	92	94	96	98	97	94	94	88	90	88	89
タイ	4142	100	100	102	102	101	102	102	99	100	96	98	98	98	98	98
インドネシア	3642	100	99	101	99	99	97	95	94	95	90	91	92	91	91	93
ブルネイ	243	100	116	114	106	102	102	114	105	137	140	116	115	115	142	140
ラオス	182	100	92	113	93	73	104	127	138	156	153	127	134	192	201	226
ミャンマー	889	100	102	94	90	89	87	82	83	85	85	94	95	106	125	152
ベトナム	2862	100	105	109	112	113	117	119	122	123	121	122	124	125	124	132
フィリピン	3566	100	99	99	98	97	96	96	94	93	88	89	89	89	89	90
スイス	1892	100	100	98	94	94	93	92	95	91	84	87	86	80	80	81
カンボジア	351	100	125	119	125	113	125	124	130	142	131	154	187	221	261	308
インド	2540	100	99	99	100	103	108	108	109	112	106	111	108	108	110	110
ペルー	820	100	99	94	85	83	87	90	100	98	91	102	97	96	94	92
世界合計	6027	100	100	102	102	102	101	100	98	96	95	94	94	95	94	94

出所：財務省貿易統計より筆者作成

表39　日本のFTA締結国への輸出品目数（HS6桁レベル）

国名	輸出品目数 2000	2000	2001	2002	2003	2004	2005	2006	2007	2008	2009	2010	2011
シンガポール	2794	100	97	98	96	94	95	96	96	96	91	92	92
メキシコ	1385	100	99	96	93	93	92	95	95	90	85	89	94
マレーシア	2412	100	101	99	99	98	97	98	98	97	93	94	95
チリ	811	100	88	89	94	90	93	96	97	100	94	97	89
タイ	2827	100	99	101	101	101	103	102	103	100	100	101	102
インドネシア	2505	100	100	100	100	99	98	96	97	97	93	94	95
ブルネイ	198	100	109	113	102	102	97	106	99	133	137	111	116
ラオス	148	100	90	114	93	77	105	132	143	154	152	129	130
ミャンマー	674	100	99	96	91	88	89	82	86	86	88	96	98
ベトナム	1969	100	104	108	110	112	115	118	123	124	123	124	125
フィリピン	2461	100	99	98	95	96	95	95	94	93	90	90	90
スイス	1361	100	100	97	94	95	94	93	98	95	87	92	90
カンボジア	290	100	116	112	115	103	111	113	119	134	127	149	170
インド	1759	100	99	99	101	104	106	107	109	113	108	112	109
ペルー	634	100	91	90	80	78	81	85	94	94	85	96	92
世界合計	4109	100	99	100	100	100	100	100	100	100	99	99	99

出所：財務省貿易統計より筆者作成

満たない．輸出額の大きい国に対しては輸出品目数も多いといえるだろう．ただし，時系列的な変化をみると，対世界輸出額が増加していた2000年から2008年の間でも，対世界輸出品目数はほとんど増加していない．輸出額の大きく減少した金融危機時にも対世界の輸出品目数は微減にとどまっている．以上の傾向は表39のHS6桁でも同様であり，日本は輸出額の大きい相手国に多くの品目を輸出しているが，対世界での時系列変化はほとんどみら

表40 日本のFTA締結国からの輸入品目数（HS9桁レベル）

国名	輸入品目数	輸入品目数（HS9桁レベル、2000年を100とする指数）														
	2000	2000	2001	2002	2003	2004	2005	2006	2007	2008	2009	2010	2011	2012	2013	2014
シンガポール	1798	100	101	99	98	98	100	99	96	93	84	83	83	81	82	81
メキシコ	1149	100	103	105	102	107	112	111	114	112	106	110	114	120	121	128
マレーシア	1955	100	101	103	102	103	102	101	101	98	95	96	98	99	100	100
チリ	304	100	105	101	110	115	112	110	113	111	100	102	98	104	106	103
タイ	2835	100	102	105	107	108	110	109	108	109	105	108	110	110	114	114
インドネシア	2382	100	101	102	102	102	104	102	103	100	96	98	100	104	108	107
ブルネイ	37	100	100	105	73	73	89	95	81	54	35	27	30	14	86	35
ラオス	53	100	126	128	134	158	147	196	175	168	166	168	213	226	243	270
ミャンマー	179	100	117	119	112	111	102	96	110	100	101	107	128	161	184	211
ベトナム	1371	100	107	111	119	122	131	133	137	140	143	149	157	167	171	179
フィリピン	1785	100	98	99	100	102	101	99	97	89	89	88	90	94	94	
スイス	2314	100	104	104	104	104	102	100	97	90	87	86	84	86	84	
カンボジア	81	100	130	120	112	112	133	127	162	165	189	231	268	337	407	453
インド	1665	100	105	110	113	116	122	126	129	131	125	129	137	145	147	151
ペルー	293	100	98	105	108	108	115	120	117	121	117	120	126	129	130	126
世界合計	8033	100	100	102	102	102	102	100	99	99	98	98	98	100	100	99

出所：財務省貿易統計より筆者作成

表41 日本のFTA締結国からの輸入品目数（HS6桁レベル）

国名	輸入品目数	輸入品目数（HS6桁レベルの一貫するコード、2000年を100とする指数）											
	2000	2000	2001	2002	2003	2004	2005	2006	2007	2008	2009	2010	2011
シンガポール	1274	100	101	98	98	97	100	98	95	93	84	82	82
メキシコ	859	100	102	105	101	105	109	109	109	110	104	105	110
マレーシア	1365	100	102	102	101	104	101	101	102	99	94	96	99
チリ	234	100	104	96	107	112	106	104	111	104	94	96	91
タイ	1908	100	101	103	106	106	107	107	106	106	103	106	107
インドネシア	1604	100	103	100	101	102	104	101	102	101	95	98	99
ブルネイ	26	100	96	96	77	77	108	112	108	62	50	38	42
ラオス	35	100	123	134	146	177	177	217	189	194	194	200	249
ミャンマー	136	100	126	127	110	115	104	98	110	99	103	110	124
ベトナム	959	100	106	109	117	119	124	130	134	136	140	145	152
フィリピン	1229	100	100	100	100	102	104	103	101	100	91	92	91
スイス	1648	100	102	102	102	103	101	101	99	97	92	89	88
カンボジア	55	100	133	116	105	109	135	129	175	173	184	225	264
インド	1223	100	105	108	113	114	119	122	124	129	122	126	133
ペルー	227	100	101	107	107	107	111	117	113	115	111	108	116
世界合計	4299	100	100	100	100	100	100	100	100	100	99	99	99

出所：財務省貿易統計より筆者作成

れない.

　相手国別の輸出品目数でも，FTAの発効による影響はほとんどみられない．発効前後に大きな増加がみられるのはブルネイのみであり，輸出額が大きく増加した国とは一致しない．ただし，2013年，2014年はメキシコやカンボジアの輸出品目数が大きく増加している.

　表40に示したHS9桁の輸入品目数は8000前後で推移しており，タイやイ

ンドネシアからの輸入品目数が大きい．しかし，最も多いタイからの輸入品目数でも3000程度であり，対世界輸入品目数に対する各相手国からの輸入品目数の割合は輸出の場合と比べて小さい．表41の輸出入で直接比較可能な品目数を比べるとより明確であり，対世界輸入品目数は対世界輸出品目数よりも若干多いが，スイスを除くすべてのFTA締結国で輸入品目数は輸出品目数よりも少なくなっている．特定の相手国から輸入する品目の範囲は相対的に狭く，貿易相手国の生産や輸出はある程度特化されていると解釈できる．HS9桁では，対世界輸入品目数に比較的大きな変化がある年はHSコードの大幅な改定が行われており，経済学的な解釈は難しい．実際，HS6桁では，ほとんど対世界輸入品目数は変化していない．

　FTA発効前後で輸入品目数が増加しているのは，メキシコ，ベトナム，カンボジア，インドである．輸入品目数が増加したこれらの国々に関しても，経済成長に伴う貿易品目の多様化が関係している可能性があるため，FTAによって締結国からの輸入品目数が増加したということはできない．

附表9A　日本の輸出相手国・地域（1-120位，10億円）

順位	国名	輸出額	順位	国名	輸出額	順位	国名	輸出額
1	アメリカ合衆国	12864.83	41	リベリア	130.72	81	ルーマニア	20.49
2	中華人民共和国	9250.81	42	パキスタン	129.01	82	リビア	20.11
3	大韓民国	4698.66	43	ポーランド	127.65	83	ルクセンブルク	18.84
4	台湾	3967.60	44	イスラエル	126.01	84	トリニダード・トバゴ	18.00
5	香港	3266.54	45	イラン	113.16	85	タンザニア	17.31
6	タイ	2466.14	46	エジプト	112.23	86	アンゴラ	17.25
7	ドイツ	1894.90	47	ノルウェー	111.88	87	マカオ	16.60
8	シンガポール	1875.02	48	カタール	111.11	88	パプアニューギニア	15.62
9	オランダ	1449.21	49	オーストリア	107.52	89	ケイマン諸島（英）	15.13
10	マレーシア	1396.77	50	コロンビア	100.44	90	モンゴル	14.91
11	英国	1357.54	51	ギリシャ	85.98	91	ジャマイカ	14.78
12	オーストラリア	1318.30	52	バハマ	75.05	92	ブルネイ	14.05
13	インドネシア	1103.16	53	アルゼンチン	72.30	93	グアム（米）	13.62
14	フィリピン	950.94	54	ベネズエラ	71.87	94	エストニア	13.35
15	パナマ	906.68	55	バングラデシュ	70.57	95	北朝鮮	13.02
16	カナダ	871.89	56	マーシャル	69.56	96	カンボジア	12.55
17	メキシコ	766.66	57	ポルトガル	64.11	97	エルサルバドル	11.67
18	フランス	706.28	58	デンマーク	61.34	98	グルジア	11.29
19	ロシア	668.52	59	ペルー	57.25	99	バーミューダ（英）	11.25
20	ベルギー	629.08	60	ナイジェリア	56.80	100	スロベニア	11.19
21	アラブ首長国連邦	621.23	61	コスタリカ	55.29	101	ガーナ	10.54
22	ベトナム	566.87	62	アルジェリア	53.72	102	ウガンダ	10.51
23	サウジアラビア	553.69	63	バーレーン	52.48	103	ホンジュラス	9.99
24	インド	552.54	64	ウクライナ	52.24	104	スーダン	9.43
25	イタリア	539.00	65	エクアドル	47.43	105	ボリビア	9.38
26	ブラジル	387.76	66	スリランカ	47.21	106	チュニジア	8.88
27	スペイン	361.60	67	ケニア	45.66	107	エチオピア	8.69
28	南アフリカ共和国	323.58	68	キプロス	39.71	108	アゼルバイジャン	8.52
29	スイス	243.67	69	ミャンマー	36.64	109	アフガニスタン	8.21
30	オマーン	216.24	70	ヨルダン	27.63	110	モーリシャス	8.03
31	トルコ	205.65	71	イラク	26.39	111	モザンビーク	7.63
32	ニュージーランド	189.42	72	スロバキア	26.11	112	アイスランド	7.51
33	プエルトリコ（米）	176.10	73	モロッコ	25.55	113	ウルグアイ	7.28
34	スウェーデン	160.37	74	ドミニカ共和国	25.14	114	ニカラグア	7.24
35	ハンガリー	151.81	75	カザフスタン	25.13	115	ウズベキスタン	7.18
36	フィンランド	140.79	76	シリア	24.36	116	キューバ	7.09
37	アイルランド	139.99	77	グアテマラ	23.97	117	カナリー諸島（西）	6.96
38	チリ	137.92	78	レバノン	22.57	118	ジブラルタル（英）	6.78
39	チェコ	137.35	79	マルタ	21.69	119	パラグアイ	6.34
40	クウェート	135.03	80	イエメン	20.80	120	ブルガリア	6.22

注：輸出額とは，2000年から2014年までの年平均輸出額である．
出所：財務省貿易統計より筆者作成

第3章　データ・基本統計量

附表9B　日本の輸出相手国・地域（121-229位，10億円）

順位	国名	輸出額	順位	国名	輸出額	順位	国名	輸出額
121	トルクメニスタン	6.17	161	ブータン	1.32	201	レソト	0.23
122	蘭領アンティール	5.69	162	ナミビア	1.32	202	モンテネグロ	0.22
123	スリナム	5.63	163	ボツワナ	1.26	203	ボスニア・ヘルツェゴビナ	0.21
124	ラオス	5.20	164	ミクロネシア	1.25	204	中央アフリカ	0.20
125	リトアニア	5.19	165	セントルシア	1.25	205	アンドラ	0.17
126	ザンビア	4.76	166	ベリーズ	1.19	206	タークス及びカイコス諸島（英）	0.15
127	ガボン	4.53	167	セントビンセント	1.17	207	英領アンギラ	0.15
128	バヌアツ	4.51	168	ルワンダ	1.13	208	クック諸島	0.13
129	ラトビア	4.36	169	コンゴ共和国	1.12	209	モナコ	0.13
130	仏領西インド諸島	4.05	170	モルディブ	1.10	210	ヨルダン川西岸及びガザ	0.12
131	ジブチ	4.00	171	ソロモン	1.05	211	サンピエール及びミクロン（仏）	0.10
132	フィジー	3.99	172	パラオ	0.95	212	モントセラト（英）	0.09
133	バルバドス	3.91	173	赤道ギニア	0.91	213	ソマリア	0.09
134	ニューカレドニア（仏）	3.89	174	米領サモア	0.80	214	ギニア・ビサウ	0.09
135	ハイチ	3.86	175	シエラレオネ	0.78	215	その他のオーストラリア領	0.08
136	コートジボワール	3.74	176	ドミニカ	0.74	216	ナウル	0.08
137	クロアチア	3.38	177	グレナダ	0.73	217	サントメ・プリンシペ	0.05
138	セネガル	3.32	178	ブルキナファソ	0.73	218	ニウエ島（ニュージーランド）	0.05
139	ベラルーシ	3.16	179	セーシェル	0.72	219	コソボ	0.04
140	ネパール	3.09	180	セントクリストファー・ネーヴィス	0.70	220	グリーンランド（デンマーク）	0.03
141	キルギス	3.04	181	アルメニア	0.66	221	西サハラ	0.03
142	ガイアナ	2.84	182	マリ	0.64	222	米領オセアニア	0.02
143	カメルーン	2.63	183	ニジェール	0.60	223	英領南極地域	0.02
144	レユニオン（仏）	2.59	184	英領ヴァージン諸島	0.60	224	ピットケルン（英）	0.02
145	コンゴ民主共和国	2.58	185	セウタ及びメリリア（西）	0.60	225	トケラウ諸島（ニュージーランド）	0.01
146	北マリアナ諸島（米）	2.57	186	カーボヴェルデ	0.58	226	セントヘレナ及びその附属諸島（英）	0.00
147	トーゴ	2.51	187	マケドニア旧ユーゴスラビア共和国	0.56	227	フォークランド諸島及びその附属諸島（英）	0.00
148	モーリタニア	2.50	188	東ティモール	0.54	228	英領インド洋地域	0.00
149	仏領ポリネシア	2.45	189	モルドバ	0.53	229	アゾレス（葡）	0.00
150	マダガスカル	2.28	190	スワジランド	0.49			
151	ジンバブエ	2.25	191	ブルンジ	0.48			
152	仏領ギアナ	2.18	192	トンガ	0.45			
153	ギニア	2.17	193	米領ヴァージン諸島	0.42			
154	サモア	2.13	194	ガンビア	0.39			
155	アンティグア・バーブーダ	2.13	195	エリトリア	0.33			
156	ツバル	1.85	196	チャド	0.32			
157	マラウイ	1.80	197	タジキスタン	0.29			
158	セルビア	1.72	198	コモロ	0.27			
159	ベナン	1.55	199	アルバニア	0.26			
160	キリバス	1.35	200	南スーダン	0.25			

注：輸出額とは，2000年から2014年までの年平均輸出額である．
出所：財務省貿易統計より筆者作成

附表10A　日本の輸入相手国・地域（1-120位，10億円）

順位	国名	輸入額	順位	国名	輸入額	順位	国名	輸入額
1	中華人民共和国	12332.06	41	オーストリア	143.66	81	ウズベキスタン	11.98
2	アメリカ合衆国	6886.18	42	フィンランド	139.76	82	トリニダード・トバゴ	11.80
3	オーストラリア	3313.62	43	スーダン	137.99	83	モーリタニア	11.31
4	サウジアラビア	3281.33	44	イラク	135.92	84	ジンバブエ	11.24
5	アラブ首長国連邦	2901.14	45	プエルトリコ（米）	135.81	85	ヨルダン	10.69
6	大韓民国	2646.12	46	香港	112.12	86	ギリシャ	10.44
7	インドネシア	2404.39	47	イスラエル	99.52	87	マルタ	10.25
8	マレーシア	1923.74	48	パプアニューギニア	78.06	88	仏領ポリネシア	10.25
9	ドイツ	1873.39	49	アルゼンチン	74.17	89	ガーナ	10.20
10	台湾	1851.49	50	赤道ギニア	66.25	90	北朝鮮	9.70
11	カタール	1803.31	51	ハンガリー	63.99	91	チュニジア	9.25
12	タイ	1678.33	52	ガボン	50.56	92	パナマ	8.96
13	ロシア	1124.79	53	エジプト	46.58	93	ウルグアイ	8.19
14	カナダ	1020.08	54	チェコ	44.41	94	グリーンランド（デンマーク）	8.00
15	フランス	947.49	55	ポーランド	43.54	95	クロアチア	7.18
16	イラン	945.79	56	コロンビア	41.63	96	ザンビア	7.03
17	クウェート	934.53	57	カザフスタン	41.29	97	エストニア	6.77
18	フィリピン	799.83	58	バーレーン	40.47	98	エチオピア	6.37
19	イタリア	736.40	59	エクアドル	40.44	99	ドミニカ共和国	6.23
20	ベトナム	724.12	60	アルジェリア	38.19	100	チャド	5.72
21	英国	670.47	61	トルコ	36.66	101	フィジー	5.61
22	ブラジル	660.30	62	イエメン	35.91	102	ブルガリア	5.57
23	シンガポール	640.03	63	ミャンマー	34.91	103	ルクセンブルク	5.16
24	チリ	609.37	64	バングラデシュ	32.57	104	リビア	5.03
25	南アフリカ共和国	579.63	65	パキスタン	28.31	105	ホンジュラス	4.63
26	スイス	563.54	66	モロッコ	27.34	106	リトアニア	4.54
27	インド	437.13	67	コスタリカ	25.85	107	スロベニア	4.52
28	アイルランド	393.49	68	ベネズエラ	25.80	108	パラグアイ	4.52
29	オマーン	364.76	69	ニューカレドニア（仏）	25.05	109	ラトビア	4.28
30	ブルネイ	317.90	70	ポルトガル	24.58	110	マダガスカル	4.09
31	メキシコ	306.82	71	ルーマニア	22.71	111	ラオス	3.73
32	オランダ	304.25	72	ウクライナ	22.66	112	ケニア	3.68
33	ニュージーランド	257.41	73	スリランカ	22.64	113	セーシェル	3.56
34	デンマーク	235.38	74	カンボジア	21.58	114	シリア	3.51
35	スペイン	232.67	75	アンゴラ	20.64	115	アゼルバイジャン	3.09
36	スウェーデン	228.09	76	ボリビア	18.43	116	マラウイ	2.99
37	ベルギー	214.37	77	スロバキア	17.24	117	バヌアツ	2.95
38	ノルウェー	165.58	78	アイスランド	14.29	118	マカオ	2.92
39	ナイジェリア	153.19	79	グアテマラ	13.74	119	ジャマイカ	2.89
40	ペルー	144.50	80	タンザニア	13.06	120	ナミビア	2.79

注：輸入額とは，2000年から2014年までの年平均輸入額である．
出所：財務省貿易統計より筆者作成

第3章　データ・基本統計量

附表10B　日本の輸入相手国・地域（121-229位，10億円）

順位	国名	輸入額	順位	国名	輸入額	順位	国名	輸入額
121	モザンビーク	2.63	161	ガイアナ	0.51	201	バーミュダ（英）	0.03
122	東ティモール	2.56	162	スワジランド	0.50	202	トーゴ	0.02
123	エルサルバドル	2.41	163	タジキスタン	0.47	203	英領ヴァージン諸島	0.02
124	バハマ	2.34	164	モルドバ	0.47	204	カーボヴェルデ	0.02
125	キューバ	2.33	165	リベリア	0.36	205	サンピエール及びミクロン（仏）	0.02
126	南スーダン	2.19	166	セントヘレナ及びその附属諸島（英）	0.34	206	ギニア・ビサウ	0.01
127	パラオ	2.09	167	ボスニア・ヘルツェゴビナ	0.32	207	セントクリストファー・ネーヴィス	0.01
128	ボツワナ	1.99	168	キルギス	0.27	208	エリトリア	0.01
129	ブルキナファソ	1.88	169	アルメニア	0.25	209	トケラウ諸島（ニュージーランド）	0.01
130	キプロス	1.86	170	ニジェール	0.24	210	ケイマン諸島（英）	0.01
131	グアム（米）	1.73	171	ドミニカ	0.23	211	英領南極地域	0.01
132	ニカラグア	1.62	172	ナウル	0.23	212	ニウエ島（ニュージーランド）	0.01
133	コートジボワール	1.58	173	中央アフリカ	0.18	213	アンティグア・バーブーダ	0.01
134	ソロモン	1.55	174	西サハラ	0.17	214	アンドラ	0.01
135	ベリーズ	1.47	175	アルバニア	0.16	215	サントメ・プリンシペ	0.01
136	ベラルーシ	1.46	176	ギニア	0.15	216	米領オセアニア	0.01
137	セネガル	1.43	177	ツバル	0.15	217	その他のオーストラリア領	0.01
138	モンゴル	1.35	178	ハイチ	0.14	218	グレナダ	0.01
139	モーリシャス	1.32	179	北マリアナ諸島（米）	0.14	219	ヨルダン川西岸及びガザ	0.01
140	セルビア	1.27	180	セウタ及びメリリア（西）	0.10	220	英領アンギラ	0.01
141	蘭領アンティール	1.24	181	フォークランド諸島及びその附属諸島（英）	0.10	221	タークス及びカイコス諸島（英）	0.01
142	マーシャル	1.22	182	レユニオン（仏）	0.10	222	セントルシア	0.00
143	ネパール	1.22	183	米領サモア	0.10	223	ジブチ	0.00
144	コンゴ共和国	1.21	184	ルワンダ	0.10	224	仏領ギアナ	0.00
145	モルディブ	1.18	185	ベナン	0.08	225	ピットケルン（英）	0.00
146	カナリア諸島（西）	1.14	186	モンテネグロ	0.08	226	アゾレス（葡）	0.00
147	スリナム	1.11	187	ブータン	0.08	227	英領インド洋地域	0.00
148	レバノン	1.11	188	レソト	0.07	228	モントセラト（英）	0.00
149	ジブラルタル（英）	1.02	189	コモロ	0.07	229	コソボ	0.00
150	キリバス	0.99	190	ブルンジ	0.07			
151	ミクロネシア	0.98	191	アフガニスタン	0.06			
152	コンゴ民主共和国	0.97	192	トルクメニスタン	0.06			
153	ウガンダ	0.96	193	米領ヴァージン諸島	0.06			
154	マケドニア旧ユーゴスラビア共和国	0.95	194	ガンビア	0.06			
155	カメルーン	0.83	195	サモア	0.05			
156	クック諸島	0.78	196	仏領西インド諸島	0.04			
157	グルジア	0.70	197	マリ	0.03			
158	シエラレオネ	0.68	198	バルバドス	0.03			
159	トンガ	0.68	199	ソマリア	0.03			
160	モナコ	0.60	200	セントビンセント	0.03			

注：輸入額とは，2000年から2014年までの年平均輸入額である．
出所：財務省貿易統計より筆者作成

附表 11　日本の主な貿易品目 1

HS番号	品目名
201	牛肉（生鮮及び冷蔵したもの）
202	牛肉（冷凍したもの）
203	豚肉
303	魚（冷凍したもの）
304	魚のフィレその他の魚肉
306	甲殻類
713	乾燥した豆（さやを除いたもの）
803	バナナ（生鮮のもの及び乾燥したもの）
901	コーヒー
1207	採油用の種及び果実
1602	調製した肉、くず肉及び血
1605	甲殻類、軟体動物及びその他の水棲無脊椎動物（調製し又は保存に適する処理をしたもの）
2301	食用に適さない肉、くず肉、魚又は甲殻類、軟体動物の粉、ミール及びペレット並びに獣脂かす
2304	大豆油かす
2402	葉巻たばこ、シェルート、シガリロ及び紙巻たばこ
2501	塩、純塩化ナトリウム及び海水
2523	ポートランドセメント、アルミナセメント、スラグセメント、スーパーサルフェートセメントその他これらに類する水硬性セメント
2601	鉄鉱
2603	銅鉱
2608	亜鉛鉱
2613	モリブデン鉱
2616	貴金属鉱
2701	石炭及び練炭、豆炭その他これらに類する固形燃料
2704	コークス及び半成コークス並びにレトルトカーボン
2707	高温コールタールの蒸留物及びこれに類する物品
2709	石油及び瀝青油（原油に限る。）
2710	石油及び瀝青油（原油を除く。）並びにこれらの調製品
2711	石油ガスその他のガス状炭化水素
2805	アルカリ金属及びアルカリ土類金属並びに希土類金属、スカンジウム及びイットリウム並びに水銀
2902	環式炭化水素
2905	非環式アルコール並びにそのハロゲン化誘導体、スルホン化誘導体、ニトロ化誘導体及びニトロソ化誘導体
2932	複素環式化合物（ヘテロ原子として酸素のみを有するもの）
2933	複素環式化合物（ヘテロ原子として窒素のみを有するもの）
2934	核酸及びその塩並びにその他の複素環式化合物
3002	人血、治療、予防、診断用の動物の血、免疫血清
3004	医薬品（投与量にし又は小売用の形状若しくは包装にしたもの）
3105	肥料
3702	感光性のロール状写真用フィルム及び感光性のロール状インスタントプリントフィルム
4001	天然ゴム
4011	ゴム製の空気タイヤ（新品のもの）

出所：財務省貿易統計より筆者作成

第3章　データ・基本統計量

附表 12　日本の主な貿易品目 2

HS番号	品目名
4401	のこくず及び木くず、薪材並びにチップ状又は小片状の木材
4402	木炭
4403	木材(粗のもの)
4407	木材(縦にひき若しくは割り、平削りし又は丸はぎしたもの)
4409	さねはぎ加工、溝付けを施した木材
4412	合板、ベニヤドパネル
4418	木製建具及び建築用木工品
4421	その他の木製品
4911	その他の印刷物(印刷した絵画及び写真を含む。)
5002	生糸(よつてないもの)
5205	綿糸(綿の重量が全重量の85%以上のもの)
5407	合成繊維の長繊維の糸の織物
6106	女子用のブラウス、シャツ及びシャツブラウス(メリヤス編み又はクロセ編みのもの)
6109	Tシャツ、シングレットその他これらに類する肌着(メリヤス編み又はクロセ編みのもの)
6110	ジャージー、ブルオーバー、カーディガン、ベストその他これらに類する製品(メリヤス編み又はクロセ編みのもの)
6111	乳児用の衣類及び衣類附属品(メリヤス編み又はクロセ編みのもの)
6114	その他の衣類(メリヤス編み又はクロセ編みのもの)
6201	男子用のオーバーコート、カーコート、ケープ、クローク、アノラック、ウインドチーター、ウインドジャケット
6202	女子用のオーバーコート、カーコート、ケープ、クローブ、アノラック、ウインドチーター、ウインドジャケット
6203	男子用のスーツ、アンサンブル、ジャケット、ブレザー、ズボン及びショーツ
6204	女子用のスーツ、アンサンブル、ジャケット、ブレザー、ドレス、スカート、キュロットスカート、ズボン及びショーツ
6205	男子用のシャツ
6211	トラックスーツ、スキースーツ及び水着
6309	中古の衣類その他の物品
6402	その他の履物(本底及び甲がゴム製又はプラスチック製のもの)
6403	履物(本底がゴム製、プラスチック製、革製又はコンポジションレザー製で、甲が革製のもの)
7102	ダイヤモンド
7106	銀(加工してないもの)
7108	金(加工してないもの)
7110	白金(加工してないもの)
7112	貴金属又は貴金属を張つた金属のくず
7208	鉄又は非合金鋼のフラットロール製品(熱間圧延をしたもの)
7209	鉄又は非合金鋼のフラットロール製品(冷間圧延をしたもの)
7210	鉄又は非合金鋼のフラットロール製品(クラッドし、めつきし又は被覆したもの)
7225	その他の合金鋼のフラットロール製品
7304	鉄鋼製の管及び中空の形材
7305	鉄鋼製のその他の管
7403	精製銅又は銅合金の塊
7501	ニッケルのマット、焼結した酸化ニッケルその他ニッケル製錬の中間生産物
7601	アルミニウムの塊
8207	手工具用又は加工機械用の互換性工具

出所：財務省貿易統計より筆者作成

附表 13　日本の主な貿易品目 3

HS番号	品目名
8407	ピストン式火花点火内燃機関(往復動機関及びロータリーエンジンに限る。)
8409	第84.07項又は第84.08項のエンジンに使用する部分品
8411	ターボジェット、ターボプロペラその他のガスタービン
8413	液体ポンプ及び液体エレベーター
8414	気体ポンプ、真空ポンプ、気体圧縮機及びファン並びに換気用又は循環用のフード
8417	炉(工業用又は理化学用のもの)
8426	デリック、クレーン、移動式リフティングフレーム、ストラッドルキャリヤー及びクレーンを装備した作業トラック
8429	ブルドーザー、アングルドーザー、地ならし機、スクレーパー、メカニカルショベル、エキスカベーター、ショベルローダー、突固め用機械及びロードローラー(自走式のものに限る。)
8430	その他の移動用、地ならし用、削り用、掘削用、突固め用、採掘用又はせん孔用の機械並びにくい打ち機、くい抜き機及び除雪機
8443	印刷機及び印刷用補助機械
8447	編機、ステッチボンディングマシン、タフティング用機械及びジンプヤーン、チュール、レース、ししゆう布、トリミング、組ひも又は網の製造機械
8471	自動データ処理機械
8473	第84.69項から第84.72項までの機械に使用する部分品及び附属品
8474	選別機、ふるい分け機、分離機、洗浄機、破砕機、粉砕機、混合機及び捏和機、凝結機及び成形機並びに鋳物用砂型の造型機
8479	機械類(固有の機能を有するもの)

出所：財務省貿易統計より筆者作成

第3章 データ・基本統計量

附表14 日本の主な貿易品目4

HS番号	品目名
8503	第85.01項又は第85.02項の機械に専ら又は主として使用する部分品
8505	電磁石、永久磁石、永久磁石用の物品で磁化してないもの並びに電磁式又は永久磁石式のチャック、クランプその他これらに類する保持具並びに電磁式のカップリング、クラッチ、ブレーキ及びリフティングヘッド
8507	蓄電池
8517	有線電話用又は有線電信用の電気機器及びビデオホン
8523	録音その他これに類する記録用の媒体
8524	レコード、テープその他の記録用の媒体
8525	無線電話用、無線電信用、ラジオ放送用又はテレビジョン用の送信機器、テレビジョンカメラ及びスチルビデオカメラその他のビデオカメラレコーダー
8528	テレビジョン受像機器並びにビデオモニター及びビデオプロジェクター
8529	第85.25項から第85.28項までの機器に使用する部分品
8532	固定式、可変式又は半固定式のコンデンサー
8534	印刷回路
8536	電気回路の開閉用、保護用又は接続用の機器
8540	熱電子管、冷陰極管及び光電管
8541	ダイオード、トランジスターその他これらに類する半導体デバイス、光電性半導体デバイス、発光ダイオード及び圧電結晶素子
8542	集積回路及び超小形組立
8544	電気絶縁をした線、ケーブル、その他の電気導体及び光ファイバーケーブル
8702	10人以上の人員(運転手を含む。)の輸送用の自動車
8703	乗用自動車その他の自動車(人員の輸送用に設計したもの)
8704	貨物自動車
8708	部分品及び附属品(第87.01項から第87.05項までの自動車のもの)
8711	モーターサイクル、補助原動機付きの自転車及びサイドカー
8712	自転車
8714	部分品及び附属品(第87.11項から第87.13項までの車両のもの)
8901	客船、遊覧船、フェリーボート、貨物船、はしけその他これらに類する船舶
9013	液晶デバイス、レーザー及びその他の光学機器
9018	医療用又は獣医用の機器
9021	整形外科用機器、補聴器、人造の人体の部分及び副木その他の骨折治療具
9101	腕時計、懐中時計その他の携帯用時計(ケースに貴金属を使用したもの)
9102	腕時計、懐中時計その他の携帯用時計
9401	腰掛け
9403	その他の家具及びその部分品

出所:財務省貿易統計より筆者作成

第4章

FTA に関する研究のレビュー

　本章ではFTAに関する先行研究を概観し，本研究の位置づけを明確にする．FTAが貿易に及ぼす効果は，これまで多くの研究で実証されている．ただし，そのほとんどはFTAの平均的な効果のみに焦点を当てており，効果が締結国によって異なる可能性は近年になって考慮されるようになった．また，個別のFTAに関する研究は欧州や北米が中心であり，日本のFTAに関する研究は少ないといえる．

　FTAの締結による直接的な効果は，貿易コストの低下である．FTAは関税や非関税障壁の削減による貿易コストの低下を通し，消費者価格を引き下げる．消費者価格の低下は購入量を増加させるため，FTA相手国との貿易額は増加すると考えられる．したがって，原理的には，貿易コストを扱ったすべての研究は，FTAの効果の分析に応用できる[12]．最も広い意味では，貿易論の研究の大部分が関係するといえるのではないか．

　もう少し狭く考えた場合，FTAは貿易自由化の一形態であり，FTAの効果は基本的に貿易自由化の効果に準ずると考えられる[13]．従来の貿易自由化は主にGATT・WTOを通して進められており，そもそもFTAを通した貿易自由化が活発となった要因の一つは，WTOにおけるラウンド交渉の機能不全にある．したがって，GATTにおけるラウンド交渉やGATT・WTOへの加盟が貿易に与えた影響を分析した研究は数多くあげられる．これらはFTAに

---

[12] 貿易コストの研究に関する代表的なサーベイとしては，Anderson and van Wincoop (2004) があげられる．

[13] Baier and Bergstrand (2001) は，技術進歩による輸送コストの低下よりも貿易自由化こそが世界的な貿易額の増加に大きく寄与したと主張している．

よる影響を検証するうえで参考になるため，以下で簡単に整理しておく[14]．

　GATT・WTOが世界的な貿易自由化を主導してきた歴史を考えると，GATT・WTOへの加盟による貿易額の増加は自明であるかに思える．ところが実証研究の結果はこの考えを必ずしも支持するわけではない．たとえばRose（2004）は，175ヵ国・50年にわたるパネルデータでグラビティモデルを推定し，一般特恵関税制度（GSP）の供与が貿易額を倍増させているのに対して，GATT・WTOへの加盟は貿易額をほとんど増加させていないという実証結果を示した．これに対して，Tomz, Goldstein, and Rivers（2007）はRose（2004）が公式的にGATTに加盟している国のみを加盟国と扱っている点を批判し，一定の権利と義務が生じる非公式の参加国を考慮することでGATT・WTOの貿易額を増加させる効果が得られることを示している[15]．また，Subramanian and Wei（2007）は，GATT・WTOによる関税削減が先進国間で大きく進んだ点に注目し，GATT・WTO加盟が貿易額に与える効果は先進国で大きく，途上国が加盟しても貿易額は増加しないという結果を導いている．さらに，彼らは自由化が進んだ品目と保護が維持された品目でサンプルをわけ，前者の貿易額はWTO加盟によって大きく増加していることを明らかにした．彼らはGATT・WTO加盟による影響が国や品目によって大きく異なっていることを認めながら，平均的には貿易額が大きく増加するという結果を示している．その一方で，Eicher and Henn（2011）は，グラビティモデルの推定式を適切に特定化し，FTAの効果にも異質性を認めることで，WTO加盟の効果はほとんどみられなくなるという結果を示した．逆に，Chang and Lee（2011）やKohl and Trojanowska（2015）はマッチング法によってGATT・WTOへの加盟の効果を分析し，貿易額に与える影響は平均的に十分大きいと結論づけている．GATT・WTOへの加盟が貿易を増加させた可

---

[14] GATT・WTOの制度や歴史に関してまとめた研究としては，Bagwell and Staiger（2010）やBaldwin（2016）があげられる．

[15] なお，Rose（2007）はこの批判をおおむね妥当なものと受け入れているが，非公式の参加国に大きな効果がみられるという結果は解釈が難しいこと，グラビティモデル以外の分析ではやはりGATT・WTO加盟に大きな効果はみられないことの2点を指摘している．

第4章　FTAに関する研究のレビュー

能性は十分にあるが，加盟の効果を明確に断定できるほど研究が蓄積されているとはいいがたい．GATT・WTOの影響は加盟した国の特性に大きく依存し，さらに加盟はFTAや他の通商政策とも相互に深く関わっているため，その影響の正確な測定は困難である．

　なお，WTOの分析として，貿易の外延と内延を定義したうえで貿易額への影響を分解する研究も行われている．Buono and Lalanne（2012）は輸出企業数で貿易の外延を定義し，ウルグアイラウンドによる関税の引き下げがフランスの輸出企業数をほとんど増加させなかったことを実証した．また，Dutt, Mihov, and Van Zandt（2013）は品目数によって貿易の外延を定義し，GATT・WTOへの加盟は輸出品目数を増加させる一方，一品目当たりの輸出額を減少させていることを明らかにした．

　WTO・GATTへの加盟やラウンド交渉は，関税の削減を通して貿易を促進させる政策であるという点ではFTAと共通している．しかし，WTO・GATTへの加盟やラウンド交渉は，ほぼすべての貿易相手国に対する自由化であり，特定の相手国に特恵的な地位を与えるFTAとは性質が異なる[16]．したがって，政策の効果もある程度異なると考えるのが自然であり，当然FTAの効果を分析した研究も数多く存在する．FTAの効果に関する分析は事前分析と事後分析にわけられる．事前分析では主に計算可能な一般均衡（CGE）モデルが使われ，事後分析の多くはグラビティモデルが利用されている[17]．グラビティモデルが初めて用いられたTinbergen（1962）では，英コモンウェルスとベネルクスFTAの影響が分析された．その結果，域内の貿易額は域外国との貿易額に比べて大きいもののその差は小さく，ベネルクスFTAに至っては係数が統計的に有意にもなっていない．FTAの効果の推定手法はグラビティモデルとともに発達したが，GATT・WTOを通した貿易自由化が主流であった時代には，FTAが域外国との貿易を減少させる効果（貿易転換効果）

---

[16] 関税の削減ではないが，特定国に対する貿易の促進という意味で，FTAは共通通貨の導入に近い政策であるともいえる．共通通貨の影響については，Santos Silva and Tenreyro（2010）やGlick and Rose（2016）を参照されたい．

[17] 近年のCGEモデルの発展については，Balistreri and Rutherford（2013）を参照されたい．

97

に焦点が当てられることが多かった．貿易転換効果については本研究の対象外とするが，少数国間の FTA が排他性を持つ可能性は十分にある．

FTA による貿易自由化が主流となった現在には，FTA の貿易創出効果も単独で注目されるようになっている．しかし，GATT・WTO と同様に，グラビティモデルに基づいて FTA の効果を分析した研究では，シンプルな推定を行うと FTA が貿易を増加させていないという結果が得られることがある．たとえば，Frankel（1997）は，欧州共同体（EC）の貿易を増加させる効果がみられない年がある点を指摘している．また，Ghosh and Yamarik（2004a）は，extreme bounds analysis によって FTA の係数が脆弱であることを示した．

しかし，FTA の内生性と多国間貿易抵抗指数への対応によって，FTA の貿易創出効果は頑健に得られると，近年複数の研究で示されており[18]，その代表が Baier and Bergstand（2007）と Baier, Bergstand, Egger, and McLaughlin（2008）である[19]．これらの研究によると，FTA 相手国の選択は貿易額に依存しており，各国は GDP や距離でコントロールしたうえで貿易額の小さい相手と FTA を締結する傾向にある[20]．したがって，FTA 締結はグラビティモデルにおける貿易額の誤差項と負に相関し，FTA の係数は過小推定されてしまう[21]．FTA の内生性に対処するには，輸出入国ペア特有の要因を除去する必要がある．そのためにはパネルデータの利用が望ましく，ペアごとの平均からの乖離に焦点を当てる固定効果モデルや，前年からの変化をみるために階差を取った時系列モデルが推奨されており，操作変数法は適切な操作変数がないため有用でないと主張されている．

---

[18] 詳細は次章で述べるが，多国間貿易抵抗指数は物価水準に近い指標である．

[19] Carrere（2006）もパネルデータの利用によって FTA の内生性に対応することを提唱しているが，固定効果モデルよりも変量効果モデルを推奨しており，大きなバイアスが生じる可能性が否定できない．

[20] FTA 締結の決定要因に関して取り組んだ研究としては，Baier and Bergstrand（2004），Egger and Larch（2008），Baier, Bergstrand, and Mariutto（2014）があげられるが，これらの研究の対象は決定要因のみであり，貿易額に与える影響にまでは踏み込んでいない．

[21] 逆に Magee（2008）はペア固定効果，輸出国×年固定効果，輸入国×年固定効果を用いた推定を行い，これらの固定効果を含まない推定では FTA の効果が過大に推定されてしまうという結果を示した．

パネルデータの利用によるペア固定効果の導入以外の方法で，FTA の内生性に対処した研究も存在する．Egger, Larch, Staub, and Winkelman（2011）は，FTA の内生性を構造化し，単年の貿易データでも FTA の内生性には対応しうることを示した．また，Baier and Bergstrand（2009）は FTA の内生性の別の解決方法としてマッチングを提唱している．マッチングを用いた FTA の研究はいくつかあげられるが，たとえば Egger, Egger, and Greenaway（2008）はマッチングで内生性に対応し，FTA が産業内貿易を大きく増加させていることを明らかにした．合成コントロール法による FTA の研究としては，Hannan（2016）があげられる．

　ここまでにあげた多くの研究により，FTA が貿易に与える平均的な影響は大きいことが明らかとなっている．Cipollina and Salvatici（2010）は，グラビティモデルに基づいて FTA の効果を推定した研究についてメタ分析を行い，FTA に大きな貿易創出効果があることを確認している．また，Eicher, Henn, and Papageorgiou（2012）は，Ghosh and Yamarik（2004a）のデータを用いてベイジアンモデル平均法による分析を行い，やはり FTA が貿易を促進すると結論づけている．しかし，近年には FTA の効果が協定によって大きく異なることが指摘されており，その要因が検討されている[22]．Kohl（2014）はグラビティモデルによる FTA の研究をサーベイするとともに，Baier and Bergstrand（2007）に基づいて 166 の協定の効果を個別に推定し，106 の協定では係数が統計的に有意でなく，さらに 16 の協定では係数が負で有意となる結果を示した．さらに，この FTA が及ぼす効果の違いを説明するために，Kohl（2014）は発効年や参加国数，WTO への加盟，協定の質やカバーする範囲を分析している．FTA の貿易創出効果を決定する要因は数多く考えられ，近年には多数の研究が行われている．たとえば，Ghosh and Yamarik（2004b），Vicard（2009）は経済統合の段階別に貿易額への影響を推定し，協定間における影響の違いを説明している．また，Medvedev（2010）は特恵関税率の設定された品目が限定的である点に注目し，特恵マージンのある品目に限定す

---

[22] 前述の Eicher and Henn（2011）は FTA の効果が協定によって異なるために WTO の効果が誤って推定されたと主張している．

れば，FTA の効果は大きく増加することを明らかにした．複数の要因を同時に考慮した分析としては，Vicard（2011）と Urata and Okabe（2014）があげられる．Vicard（2011）は FTA ダミーとマクロ変数や二国間関係を表すダミー変数との交差項を用い，輸出入国の経済規模が大きく規模に差が少ない場合や，輸出入国以外の FTA 構成国の規模が小さく規模に差が大きい場合に，FTA は貿易額を大きく増加させることを示した．Urata and Okabe（2014）は協定の特徴や締結国の発展度合いごとに効果をわけると同時に，SITC2 桁の品目分類ごとに推定を行っている．推定の結果，MFN 関税率の高い品目に大きな貿易創出効果がみられ，関税同盟や多国間，先進国間の協定は，多くの品目で貿易額を増加させていることが明らかとなった．

　これまでの研究結果を要約すると，FTA は締結国間の貿易額を増加させるが，その効果には大きな差異があり，締結国の経済状態や協定の内容によっては貿易額の増加がほとんどみられないということとなる．関税撤廃除外品目や原産地規則など，FTA の内容は国や協定ごとに異なっているため，FTA の効果に差異があるのは自然な結果であるともいえる．日本の FTA が本当に貿易額を増加させてきたのかは検証すべき問題である．

　ここまでは主に世界的な貿易データを用いて FTA の効果を推定した研究を紹介したが，個別の FTA に焦点を当てた研究も非常に多い．ここですべてをあげることは難しく，以下に代表的な研究のみをあげる．個別の FTA に関する研究は EU や NAFTA に注目したものが多く，日本の FTA を扱った研究は少数である．

　欧州は経済統合の最も進んだ地域であり，欧州統合の貿易への影響は古くから分析の対象となっている．前述の Tinbergen（1962）だけでなく，Aitken（1973），Abrams（1980），Brada and Mendez（1985）では，欧州経済共同体（EEC）と欧州自由貿易連合（EFTA）の影響が分析されている．近年には EU の東方拡大の影響が一つのテーマとなっており，たとえば Caporale, Rault, Sova, and Sova（2009）は，FTA の内生性を考慮したうえで中東欧 4 ヵ国と EU15 ヵ国の FTA による影響を分析し，貿易創出効果を確認している．また，Egger and Larch（2011）も中東欧諸国と EU の FTA の影響を構造推定によって分析し，FTA は貿易額だけでなく，中東欧諸国の GDP と厚生を増加させたと結論づ

100

けている．また，Magee（2016）は，1995年に発効したECとトルコの関税同盟がトルコのEU加盟国からの輸入に与えた影響を品目レベルの貿易データから分析している．特恵関税が与えられた国々からEUへの果実と野菜類の輸出を扱ったCardamone（2011）は，月次貿易データをグラビティモデルに用いた数少ない例である．

　北米もまたFTAの研究の蓄積が進んでいる地域である．NAFTAの前身であるカナダ・アメリカ自由貿易協定（CUSFTA）の分析としてはTrefler（2004）が代表的であり，CUSFTAはカナダの雇用者数を減少させたが事業所レベルの労働生産性を上昇させており，貿易創出効果が貿易転換効果を上回ることで厚生の上昇をもたらしたと結論づけている[23]．また，NAFTAはアメリカとメキシコという所得格差のある大国間のFTAであり，貿易創出効果と貿易転換効果の比較を中心に，これまでに様々な分析が行われてきた．Krueger（2000）はNAFTA発効直後の影響を分析し，NAFTAの貿易創出効果と貿易転換効果はともに小さいと指摘した．Fukao, Okubo, and Stern（2003）はHS2桁の品目分類を用いてNAFTAによる特恵関税の影響を分析し，製造業に属する70品目のうち，15品目で関税率がアメリカの輸入に負の影響を与えていることを確認した．したがって，NAFTAによる関税の削減は貿易額を増加させたこととなる[24]．Romalis（2007）は細品目分類の貿易データを用い，NAFTAは域内の貿易額を増加させたが，その大半は域外国からの輸入の代替であり，NAFTAは厚生を改善していないという結論を導いた．逆にCaliendo and Parro（2015）は，Eaton and Kortum（2002）をベースに産業間の連関効果のあるモデルを用いた構造推定を行い，NAFTAの貿易創出効果は貿易転換効果を上回り，メキシコの厚生を大きく上昇させたことを示した．彼らの推定では，アメリカもNAFTAによって利益を得ているが，カナダは損失を被っている．NAFTAは貿易額以外への影響も分析されており，Debaere and Mostashari（2010）は，詳細な関税データを用いてNAFTAによる関税引き下げが貿易品目数に与えた影響を分析し，品目数への影響については否定

---

[23] Clausing（2001）はCUSFTAに貿易創出効果のみがみられ，貿易転換は生じていないという結果を得ている．

[24] ただし，NAFTAダミーが正で統計的に有意となった品目はごく僅かである．

的な結果を得ている．Arkolakis（2010）によると，NAFTAによるアメリカのメキシコからの輸入額の増加は，発効前から輸入が行われていたが金額の小さかった品目で生じている．Hakobyan and McLaren（2016）のように，労働市場に着目した研究もあげられる．

EUやNAFTAに比べると数は少ないものの，南米や中東のFTAに焦点を当てた研究も存在する．たとえば，Florensa, Marquez-Ramos, and Recalde（2015）は南米におけるFTAが貿易額に与えた影響を扱っており，さらに貿易の内延と外延への効果の分解も行っている．また，Parra, Martinez-Zarzoso, and Suarez-Burguet（2016）は中東・北アフリカにおけるFTAの効果を推定し，締結国の所得水準やカバーする品目の範囲による効果の違いを分析している．

東アジアの経済統合はASEANを中心としており，ASEANに焦点を当てた研究もいくつかあげられる．Endoh（2000）はFTAではないが，ASEAN,東アジア経済協議体（EAEC），アジア太平洋経済協力会議（APEC）を分析し，EAEC域内の貿易額が大きいことを明らかにしている．Jugurnath, Stewart, and Brooks（2007）も同様に，アジア・太平洋における経済統合の枠組みについて，グラビティモデルを用いて分析している．また，Kien（2009）はASEAN自由貿易地域（AFTA）を対象とした分析を行い，AFTAに大きな貿易創出効果があることを明らかにした．Okabe and Urata（2014）も同様の分析を行っているが，SITC2桁の品目ごとに推定を行っている点が特徴的であり，全54品目のうち輸出で35品目，輸入で39品目について，正で統計的に有意な係数が得られている．非関税措置の多い品目で貿易創出効果は小さく，今後は非関税措置の軽減が必要であると述べている．また，Yang and Martinez-Zarzoso（2014）は，2005年に発効したASEAN・中国FTA（ACFTA）の効果を推定し，すべての産業でACFTAは貿易を増加させていることを明らかにした．Okabe（2014）はAFTAを扱った研究をサーベイし，近年の詳細なデータを用いた研究では貿易創出効果が観測されていることを指摘した．また，ASEAN+1のFTAの効果をグラビティモデルによって実証し，ACFTAやASEAN・韓国FTA（AKFTA）には大きな効果があったものの，AJCEPの効果は小さかったと結論づけている．

以上のように，FTAの分析は世界中で行われている．また，近年はグラビティモデルの推定手法が発達すると同時に，外延や価格への影響が注目されるようになり，FTAの影響を様々な観点から分析する環境は整いつつある．しかし，日本のFTAが貿易に与えた影響の包括的な評価はいまだに行われていない．日本のFTAに関する研究としては，Ando and Urata (2011, 2015)があげられる[25]．Ando and Urata (2011) はメキシコ，Ando and Urata (2015) はタイ，マレーシア，インドネシアとのFTAを対象にしており，FTA全体への評価は行っていない．本書の分析に最も近いのは前述のOkabe (2014) である[26]．Okabe (2014) の焦点はAJCEPにあるが，推定ではすべての日本のFTAが扱われている．ただし，推定には締結国ペアの固定効果が考慮されていないため，FTAの内生性は深刻なバイアスをもたらしている可能性がある．FTAが金額以外の貿易に与えた影響という観点から分析を行っている研究はさらに少なく，筆者の知る限りKuno, Urata, and Yokota (2016) のみである．Kuno, Urata, and Yokota (2016) は，メキシコとのFTAが日本の輸出に与えた影響を内延と外延にわけて分析し，メキシコの関税の削減に伴って増加したのは内延であったことを指摘した．

日本のFTAが本当に貿易を増加させたのかは議論の余地がある．また，FTAの研究は多くの国で行われ，手法も確立されつつある．しかし，日本のFTAを扱った研究はきわめて限定的である．したがって，本研究では標準的な手法であるグラビティモデルに基づいて，日本のFTAの影響を包括的に評価していく．

---

[25] なお，Endoh (1999) は日本のFTAではなく他のFTAが日本の貿易に与えた影響を分析している．

[26] ただし本研究では輸出入国の一方を日本に限定しており，対象国でなく手法面ではMagee (2016) に近いといえる．

第5章

グラビティモデル

5.1 グラビティモデルの基礎

本章では Anderson and van Wincoop (2003) を代表とするグラビティモデルの理論を説明する．グラビティモデルは Tinbergen (1962) と Poyhonen (1963) によって初めて用いられて以降，長い間理論的基礎は不十分とされていた．しかし，実証上のパフォーマンスは非常に良かったため，Anderson (1979) をはじめとして多くのミクロ的な基礎づけが試みられてきた．その一つの完成型が Anderson and van Wincoop (2003) であり，製品差別化をベースとした需要側の理論である[27]．そこで，Anderson and van Wincoop (2003) をベースとし，グラビティモデルの発展に寄与した文献を紹介しながら理論を展開していく[28]．まずは本節で Anderson and van Wincoop (2003) のフレームワークを説明する．

各国の代表的消費者は CES 型の効用関数を持つと仮定する．財は国家間のみで差別化されており，代替の弾力性 σ は一定であるとする．

$$U_j = \left[\sum_{i=1}^{I} \left(\frac{x_j(i)}{\beta(i)} \right)^{\frac{\sigma-1}{\sigma}} \right]^{\frac{\sigma}{\sigma-1}}$$

---

[27] リカードモデルの応用である Eaton and Kortum (2002) や Fieler (2011)，ヘクシャー・オリーンモデルをベースとする Deardorff (1998)，線形の需要関数を仮定した Ottaviano, Tabuchi, and Thisse (2002) や Melitz and Ottaviano (2008) など，Anderson and van Wincoop (2003) のクラスに属しない理論からでもグラビティ方程式を導くことは可能である．これはグラビティモデルの欠点でもあり，データの当てはまりが良いという結果からどのモデルが適切であるかを判断することは難しいといえる．

[28] Anderson (2011) は，グラビティモデルの基礎づけを主導してきた Anderson 自身の研究を中心に，グラビティモデルの発展を記述している．

105

$i, j = 1, \dots, I$ は国であり，特に i は生産国，j は消費国を示している．$x_j(i)$ は i 国財の j 国における消費量であり，特に $i \neq j$ のときには j 国の i 国からの輸入量となる．$\beta(i)$ は i 国財のクオリティの指標であり，小さいほど高いクオリティを持つ．なお，後述するように，生産側の構造によっては，この $\beta(i)$ は i 国の企業数としても解釈できる．j 国の代表的消費者は，総支出額 E_j を所与とする下記の予算制約式の下で効用 U_j を最大化する．

$$E_j = \sum_{i=1}^{I} p_j(i) x_j(i)$$

$p_j(i)$ は輸入価格であり，貿易コスト τ_{ij} と輸出価格 $p^*(i)$ にわけられると仮定する．

$$p_j(i) = \tau_{ij} p^*(i)$$

効用最大化問題を解いた結果として，需要関数は次のような形となる．

$$\frac{x_j(i)}{\beta(i)} = \left(\frac{\beta(i) \tau_{ij} p^*(i)}{P_j} \right)^{-\sigma} \frac{E_j}{P_j}$$

ここで，P_j は j 国における価格指数であり，次のように定義される．

$$P_j = \left[\sum_{i=1}^{I} \left(\beta(i) \tau_{ij} p^*(i) \right)^{1-\sigma} \right]^{\frac{1}{1-\sigma}}$$

また，$\beta(i) p^*(i)$ は i 国財のクオリティ調整済み輸出価格と解釈すればよい．j 国の i 国からの輸入額は，

$$p_j(i) x_j(i) = \left(\frac{\beta(i) \tau_{ij} p^*(i)}{P_j} \right)^{1-\sigma} E_j$$

である．i 国の各国に対する輸出額を合計し，自国での売上を加えることで i 国財の総売上高 Y_i となる．

$$Y_i = \sum_{j=1}^{I} p_j(i) x_j(i) = \left(\beta(i) p^*(i)\right)^{1-\sigma} \sum_{j=1}^{I} \left(\frac{\tau_{ij}}{P_j}\right)^{1-\sigma} E_j$$

ここで，i国の輸出価格指数を以下のようにΠ_iと定義する[29].

$$\Pi_i \equiv \left(\sum_{j=1}^{I} \left(\frac{\tau_{ij}}{P_j}\right)^{1-\sigma} E_j\right)^{\frac{1}{1-\sigma}}$$

i国のクオリティ調整済み輸出価格は，i国の総売上高と輸出価格指数を用いて表すことができる．

$$\left(\beta(i) p^*(i)\right)^{1-\sigma} = \frac{Y_i}{\left(\Pi_i\right)^{1-\sigma}}$$

最後に$E_i = Y_i$としてモデルを閉じると，最終的に貿易額は以下の式のように表される．

$$p_j(i) x_j(i) = \left(\frac{\tau_{ij}}{\Pi_i P_j}\right)^{1-\sigma} Y_i Y_j$$

この式を対数線形化することでグラビティモデルの推定式が導出される．

$$\ln\left(p_j(i) x_j(i)\right) = \ln Y_i + \ln Y_j + (1-\sigma)\ln \tau_{ij} + (\sigma-1)\ln \Pi_i + (\sigma-1)\ln P_j$$

Anderson and van Wincoop（2003）では，P_jとΠ_iが多国間貿易抵抗指数と名づけられている．貿易額をGDPと貿易コストに回帰するのが伝統的なグラビティモデルの推定だが，この方法では多国間貿易抵抗指数が欠落することとなる．Anderson and van Wincoop（2003）はアメリカとカナダにおける州間での取引額のデータを用い，多国間貿易抵抗指数の欠落が貿易コストの係数に大きなバイアスをもたらすと示した．この問題への対応方法は実証の問題であるため次章に示す．

---

[29] Anderson and van Wincoop（2003）では，以下のΠ_iの定義において，各国の支出額E_jそのものではなく，支出額を世界全体の総支出額で割ったシェアを用いている．

以上のように，グラビティ方程式は需要側の構造のみから導出され，供給側の構造は特定化されていない．そのため，$\beta(i)$ や $p^*(i)$ の解釈は明確でない．実際には，Anderson and van Wincoop（2003）のクラスに属しない理論も含め，多くの貿易モデルからグラビティ方程式が導出されることが知られている．

　ここでは Anderson and van Wincoop（2003）のクラスに属する理論として，完全競争モデル，企業レベルで財が差別化される新貿易理論に基づくモデル，企業の異質性が導入された新々貿易理論に基づくモデル，さらに品質が考慮される Baldwin and Harrigan（2011）のモデルの4つを紹介する．

　最もシンプルな構造は，各国の供給する財が国内では同質であり，企業は完全競争市場に直面しているという想定である．同質的な企業が労働1単位から $\varphi(i)$ 単位の財を生産すると仮定する．

　i 国で生産された財が j 国に輸出されると，τ_{ij} だけ氷塊型の貿易コストが発生すると仮定する．すなわち，i 国から輸出された τ_{ij} 単位の財のうち輸送中に $(\tau_{ij}-1)$ 単位が溶けてなくなり，j 国における1単位の消費となる．この仮定と各国内財市場の完全競争により，j 国へ輸出される i 国財の価格は限界費用に等しく，

$$p_j(i) = \frac{\tau_{ij} w(i)}{\varphi(i)}$$

となる．したがって，i 国財の輸出価格は相手国に関わらず同一となり，生産構造を特定しない場合に仮定されていた $p_j(i)=\tau_{ij}p^*(i)$ と整合的である．

$$p^*(i) = \frac{w(i)}{\varphi(i)}$$

　完全競争で規模に対して収穫一定のため，企業数と企業規模は不決定である．j 国向けの財の生産に使われる労働は，

$$L_j(i) = \frac{w(i)^{-\sigma}\left(\dfrac{\tau_{ij}}{\varphi(i)}\right)^{1-\sigma}}{\sum_{k=1}^{I}\left(\dfrac{\tau_{kj}w(k)}{\varphi(k)}\right)^{1-\sigma}}E_j$$

となる．また，利潤はゼロとなるため，$E_j = Y_j = w(j)L(j)$ が成立する．労働市場の均衡は，

$$
\begin{aligned}
L(i) &= \sum_{j=1}^{I}L_j(i) \\
&= w(i)^{-\sigma}\varphi(i)^{\sigma-1}\sum_{j=1}^{I}\frac{\tau_{ij}^{\,1-\sigma}w(j)L(j)}{\sum_{k=1}^{I}\left(\dfrac{\tau_{kj}w(k)}{\varphi(k)}\right)^{1-\sigma}}
\end{aligned}
$$

と表される．これは非線形の連立方程式体系となっており，適当な国の労働をニュメレールとする（たとえば $w(1)=1$ とする）ことにより，残りの $(I-1)$ 個の変数 $\{w(i)\}_{i=2}^{I}$ に関して数値的には解くことができる．ただし，解析的には解くことができない．

多国間貿易抵抗指数も以下のように外生変数と賃金で表すことができる．

$$P_j = \left[\sum_{i=1}^{I}\left(\frac{\beta(i)\tau_{ij}w(i)}{\varphi(i)}\right)^{1-\sigma}\right]^{\frac{1}{1-\sigma}}$$

$$\Pi_i = \left(\sum_{j=1}^{I}\frac{\left(\tau_{ij}\right)^{1-\sigma}w(j)L(j)}{\sum_{k=1}^{I}\left(\dfrac{\beta(k)\tau_{kj}w(k)}{\varphi(k)}\right)^{1-\sigma}}\right)^{\frac{1}{1-\sigma}}$$

最後に，貿易額を外生変数と賃金から表すと以下のようになる．

$$p_j(i)x_j(i) = \frac{w(i)L(i)w(j)L(j)\left(\tau_{ij}\right)^{1-\sigma}}{\left[\sum_{k=1}^{I}\dfrac{\left(\tau_{ik}\right)^{1-\sigma}w(k)L(k)}{\sum_{l=1}^{I}\left(\dfrac{\beta(l)\tau_{lk}w(l)}{\varphi(l)}\right)^{1-\sigma}}\right]\left[\sum_{k=1}^{I}\left(\dfrac{\beta(k)\tau_{kj}w(k)}{\varphi(k)}\right)^{1-\sigma}\right]}$$

5.2 新貿易理論に基づくモデル

前節のグラビティモデルでは，CES型の効用関数とシンプルな生産構造からグラビティ方程式が導かれることが示された．しかし，国家間で差別化されている財が国内では完全代替となるという仮定はあまり現実的ではないだろう．より現実的な仮定の一つは，財が企業レベルで差別化されているという設定である．この企業間での財の差別化はKrugman（1979, 1980）に始まる新貿易理論で導入された仮定である．そこで，本小節では新貿易理論からグラビティ方程式を導出する[30]．

差別化された財を生産する同質的な企業を想定する．生産性$\varphi(i)$は国家間で異なっていてもよいが国内では同一であり，単純化のために品質は国家間でも同一であるとする．生産要素は労働のみとし，総労働量は非弾力的で外生的に$L(i)$だけ与えられるとする．また生産には固定費用として$l_F(i)$単位の労働が必要であるとする．

財は企業レベルで差別化されているため，企業のインデックスωは同時に財のインデックスにもなっている．また，企業は同質的であると仮定されているため，特定の国に立地するすべての企業が同一の相手国には同一の価格を設定し，同一の数量を輸出する．

したがって，i国の企業数を$M(i)$とすると，効用関数は

$$U_j = \left[\sum_{i=1}^{I} \int x_j(i,\omega)^{\frac{\sigma-1}{\sigma}} d\omega \right]^{\frac{\sigma}{\sigma-1}} = \left[\sum_{i=1}^{I} M(i) x_j(i)^{\frac{\sigma-1}{\sigma}} \right]^{\frac{\sigma}{\sigma-1}}$$

であり，$\beta(i) = M(i)^{\frac{\sigma}{1-\sigma}}$と置き換えることで，Anderson and van Wincoop（2003）のクラスに属する理論であることが明確になる．

i国からj国への一企業当たりの輸出額は，

$$p_j(i,\omega) x_j(i,\omega) = \left(\frac{p_j(i,\omega)}{P_j} \right)^{1-\sigma} E_j$$

---

[30] 新貿易理論に基づくグラビティモデルの原型はBergstrand（1985）であり，Bergstrand, Egger, and Larch（2013）などで応用されている．

である.

企業は労働のみを用い，線形の生産関数の下で生産を行うと仮定する.

$$x(i,\omega) = \varphi(i)l(i,\omega)$$

ここで，$x(i,\omega)$ は i 国に立地する企業 ω の生産量であり，$l(i,\omega)$ はその生産労働者数である．労働 1 単位によって $\varphi(i)$ 単位の財が生産され，貿易コストがかかることで，$\dfrac{\varphi(i)}{\tau_{ij}}$ 単位の財が j 国消費者に届けられる．そのため，$l_j(i,\omega)$ を j 国に販売する財の生産に用いられる労働とすると，

$$x_j(i,\omega) = \frac{\varphi(i)}{\tau_{ij}}l_j(i,\omega)$$

となる．利潤最大化条件によって限界費用と限界収入を均等化させると，

$$p_j(i,\omega) = \left(\frac{\sigma}{\sigma-1}\right)\frac{\tau_{ij}w(i)}{\varphi(i)}$$

であり，操業利潤 $\pi^*(i,\omega)$ は以下のように表すことができる.

$$
\begin{aligned}
\pi^*(i,\omega) &= \sum_{j=1}^{I}\Big[p_j(i,\omega)x_j(i,\omega)-w(i)l_j(i,\omega)\Big] \\
&= \frac{w(i)l(i,\omega)}{\sigma-1}
\end{aligned}
$$

利潤が正であれば企業の参入が進み，均衡における利潤はゼロとなる．したがって，雇用で測った企業規模は，生産に固定的に必要な労働者数に比例する.

$$l(i,\omega) = (\sigma-1)l_F(i)$$

労働市場の均衡条件から企業数が以下のように定まる.

$$M(i) = \frac{L(i)}{\sigma l_F(i)}$$

これを用いて価格指数を表すと，

$$P_j = \left[\sum_{i=1}^{I}\int \left(p_j(i,\omega)\right)^{1-\sigma} d\omega\right]^{\frac{1}{1-\sigma}}$$

$$= \frac{\sigma}{\sigma-1}\left[\sum_{i=1}^{I}\frac{L(i)}{\sigma l_F(i)}\left(\frac{\tau_{ij}w(i)}{\varphi(i)}\right)^{1-\sigma}\right]^{\frac{1}{1-\sigma}}$$

となる．さらに，生産労働市場の均衡条件は，

$$w(i)l_F(i) = \sum_{j=1}^{I}\left[\frac{\left(\dfrac{\tau_{ij}w(i)}{\varphi(i)}\right)^{1-\sigma}w(j)L(j)}{\displaystyle\sum_{k=1}^{I}\dfrac{L(k)}{l_F(k)}\left(\dfrac{\tau_{kj}w(k)}{\varphi(k)}\right)^{1-\sigma}}\right]$$

であり，解析的に解くことはできないが，ここから賃金が決定される．

i 国から j 国への総輸出額は，次のように表される．

$$M(i)p_j(i,\omega)x_j(i,\omega) = \frac{\left(\dfrac{\tau_{ij}w(i)}{\varphi(i)}\right)^{1-\sigma}\dfrac{L(i)}{l_F(i)}}{\displaystyle\sum_{k=1}^{I}\dfrac{L(k)}{l_F(k)}\left(\dfrac{\tau_{kj}w(k)}{\varphi(k)}\right)^{1-\sigma}}w(j)L(j)$$

以下のように Π_i を定義する．

$$\Pi_i \equiv \left(\sum_{j=1}^{I}\left(\frac{\tau_{ij}}{P_j}\right)^{1-\sigma}w(j)L(j)\right)^{\frac{1}{1-\sigma}}$$

i 国企業の売上の総和は，

$$\sum_{j=1}^{I}\left[M(i)p_j(i,\omega)x_j(i,\omega)\right] = \left(\frac{w(i)}{\varphi(i)}\right)^{1-\sigma}\left(\frac{\sigma}{\sigma-1}\right)^{1-\sigma}\frac{L(i)}{\sigma l_F(i)}\Pi_i$$

である．$\sum_{j=1}^{I}\left[M(i)p_j(i,\omega)x_j(i,\omega)\right] = Y_i = w(i)L(i)$ を用いることにより，i 国から j 国への総輸出額は以下のように表される．

$$M(i)p_j(i,\omega)x_j(i,\omega)=\left(\frac{\tau_{ij}}{\Pi_i P_j}\right)^{1-\sigma}w(i)L(i)w(j)L(j)$$

新貿易理論をベースとすることで，Π_i や P_j の定義は影響を受けるが，上述のグラビティ方程式の形はほとんど変わらない．

新貿易理論に基づくグラビティモデルにおいて，貿易額の貿易コスト弾力性は $(\sigma-1)$ である．すなわち，企業間の競争が激しい産業では貿易コストによる価格差の影響が大きく，関税によって貿易額は大きく減少することとなる．逆に，製品差別化が進んだ産業では，貿易コストが貿易額に与える影響は限定的である．したがって，貿易自由化による貿易額の増加も，製品が同質的な産業で大きいといえる．

5.3 新々貿易理論に基づくモデル

前節の新貿易理論ではグラビティ方程式が比較的自然な仮定から導出されている．しかし，90年代後半から注目されるようになった貿易と企業の関係性について，新貿易理論は実証研究の結果と整合的な説明を与えられていない[31]．実証研究の重要な成果は次の2点である．まずあげられるのは，実際に輸出を行っている企業は少数だという点である[32]．これはすべての企業が輸出を行う新貿易理論と著しく対照的である．また，輸出企業は国内企業よりも規模が大きく，生産性が高いことが明らかとなっている．これに対して新貿易理論では，一国内の企業が同質的であり，生産性に差異はないと仮定されていた．これらの実証的な事実を説明するために登場したのが新々貿易理論であり，その嚆矢は Melitz（2003）である．なお，Melitz（2003）には前述の2点に加え，貿易自由化は企業間の資源再配分を促し，経済全体の生産性を向上させるというマクロ的な含意もある．これは Pavcnik（2002）の結果と整合的とされ，非常に興味深い論点ではあるが，本書の対象を大きく逸脱

---

[31] 貿易と企業に関する先駆的な実証研究としては，Bernard and Jensen（1995, 1999, 2004）や Clerides, Lach, and Tybout（1998）があげられる．

[32] Bernard and Jensen（1995）によると，1987年のアメリカ製造業において，輸出を行う事業所の割合は14.6％である．

するためこれ以上は言及しない．

　本節では，グラビティ方程式のミクロ的な基礎づけを新々貿易理論に基づいて行い，企業の異質性の導入がグラビティ方程式に与える影響を説明する．なお，新々貿易理論をベースにグラビティ方程式を導いた研究としては，Chaney（2008）と Helpman, Melitz, and Rubinstein（2008）があげられる．ただし，本節のモデルは自由参入条件を課して参入企業数を内生化している点でこれらの研究とは異なる[33]．

　生産要素は労働のみであり，生産関数は

$$x(i,\omega) = \varphi(i,\omega) \sum_{j=1}^{I} l_j(i,\omega)$$

で表されるとする．前節と同様に $l_j(i,\omega)$ は i 国に立地する企業 ω の j 国に販売する財の生産に用いられる労働を表す．新貿易理論との重要な差異は生産性 $\varphi(i,\omega)$ が企業ごとに異なっている点である．逆にいえば，企業レベルで差異のある外生変数は生産性のみであり，企業レベルの内生変数は $l_j(i,\varphi)$ のように生産性の関数として表すことができる．以降は企業のインデックスを生産性で置き換える．

　企業の意思決定は以下の手順にしたがって行われる．まず潜在的な参入者は $l_E(i)$ 単位の労働を用いて企業を設立するか決定する．この潜在的な参入者は参入前に生産性 φ を知らないが，その確率分布 $G(\varphi)$ は知っているとする．設立された企業は自らの生産性を確認し，生産を行うか決定する．j 国への販売には $l_{Xj}(i)$ 単位の労働が必要であることを考慮して企業は販売先を決定する[34]．

　線形の生産関数の下，企業は市場ごとに独立して生産量と価格を決定する．i 国に立地し生産性 φ を持つ企業の財が，j 国の代表的消費者によって

---

[33] 本節で示すモデルは，Melitz and Redding（2014）の 6.2 節で展開されている．

[34] 厳密な条件は導出しないが，自国での販売にかかる固定費用が輸出にかかる固定費用に比べて十分低ければ，輸出する企業は自国市場にも必ず参入する．その場合には $l_{Xi}(i)$ に生産にかかる固定的な労働を含めることができる．本研究でもこのケースのみを想定し，$w(i)l_{Xi}(i)$ を生産固定費用と自国での販売にかかる固定費用の和とする．

$x_j(i,\varphi)$ 単位だけ消費されるとすると，$x_j(i,\varphi) = \dfrac{\varphi}{\tau_{ij}} l_j(i,\varphi)$ となる．需要側は前節と同じ設定であり，利潤最大化条件によって限界費用と限界収入を均等化させると，

$$p_j(i,\varphi) = \left(\frac{\sigma}{\sigma-1}\right)\frac{\tau_{ij}w(i)}{\varphi}$$

となる．したがって企業レベルの輸出額は，

$$p_j(i,\varphi)x_j(i,\varphi) = \left(\left(\frac{\sigma}{\sigma-1}\right)\frac{\tau_{ij}w(i)}{\varphi}\right)^{1-\sigma}(P_j)^{\sigma-1}E_j$$

である．また，j 国への輸出を行った場合の操業利潤は，

$$
\begin{aligned}
\pi_j^*(i,\varphi) &= p_j(i,\varphi)x_j(i,\varphi) - w(i)l_j(i,\varphi) \\
&= \frac{p_j(i,\varphi)x_j(i,\varphi)}{\sigma} \\
&= \frac{1}{\sigma}\left(\left(\frac{\sigma}{\sigma-1}\right)\frac{\tau_{ij}w(i)}{\varphi}\right)^{1-\sigma}(P_j)^{\sigma-1}E_j
\end{aligned}
$$

となる．生産性が高い企業は，低い価格を設定し，販売量や売上，操業利潤を各市場で大きくすることができる．

j 国への輸出には，固定費用として $l_{Xj}(i)$ だけ i 国の労働が必要である．このとき，j 国への輸出による操業利潤が輸出固定費用を上回る場合にのみ輸出が実現する．そのため，生産性の高い企業のみが輸出を行うこととなる．i 国に立地する j 国への輸出企業の閾値となる生産性を $\varphi_j^*(i)$ とすると，$\pi_j^*(i,\varphi_j^*(i)) = w(i)l_{Xj}(i)$ である[35]．これを解くと，

$$\varphi_j^*(i) = \left[(\sigma w(i))^{-\sigma}\left(\frac{\tau_{ij}}{\sigma-1}\right)^{1-\sigma}\frac{(P_j)^{\sigma-1}E_j}{l_{Xj}(i)}\right]^{\frac{1}{1-\sigma}}$$

となる．さらに，j 国への輸出による利潤は

---

[35] Melitz（2003）は操業利潤が輸出固定費用を引いた値を利潤とし，ゼロ利潤条件を定義している．

$$\pi_j\left(i,\varphi\right) = \max\left\{0, \left[\left(\frac{\varphi}{\varphi_j^*(i)}\right)^{\sigma-1} - 1\right] w(i) l_{Xj}(i)\right\}$$

と表される.

　また，各企業の総利潤$\pi(i,\varphi)$は各国での利潤の合計から参入固定費用$w(i)$ $l_E(i)$を引くことで表される.

$$\pi\left(i,\varphi\right) = \sum_{j=1}^{I} \max\left\{0, \left[\left(\frac{\varphi}{\varphi_j^*(i)}\right)^{\sigma-1} - 1\right] w(i) l_{Xj}(i)\right\} - w(i) l_E(i)$$

潜在的な参入者は期待利潤が正であれば参入を行うため，企業数が一定となる定常均衡では期待利潤がゼロとなる[36]．ここで生産性は，$\varphi \geq \varphi_{min}$の範囲において，以下のパレート分布に従うと仮定する.

$$G\left(\varphi\right) = 1 - \left(\frac{\varphi}{\varphi_{min}}\right)^{-k}$$

ただし，kとφ_{min}は分布のパラメータであり，$\beta = \dfrac{k}{\sigma-1} > 1$とする．自由参入条件を解くと，

$$\sum_{j=1}^{I} l_{Xj}(i) \left(\frac{\varphi_j^*(i)}{\varphi_{min}}\right)^{-k} = (\beta-1) l_E(i)$$

となる[37]．ここで，$l_{Xj}(i)\left(\dfrac{\varphi_j^*(i)}{\varphi_{min}}\right)^{-k}$は参入者当たりの$j$国輸出に固定費用として用いられる労働量である．また，参入者当たりの生産労働者は，

$$\sum_{j=1}^{I} \int_{\varphi_j^*(i)}^{\infty} l_j\left(i,\varphi\right) dG(\varphi) = k l_E(i)$$

である．したがって，参入と輸出，生産に用いられる労働の割合は$1 : (\beta-1) : k$となる．労働市場の均衡条件より，参入を試みる企業の数が以下のように定

---

[36] Melitz（2003）は外生的退出を導入し，企業価値と参入固定費用から自由参入条件を定義している.

[37] この式をさらに変形することで賃金を決定する非線形連立方程式が表されるが，解析的に解くことはできない.

まる[38].

$$M(i) = \frac{L(i)}{\sigma \beta l_E(i)}$$

これを用いると，価格指数が以下のように表される．

$$
\begin{aligned}
P_j &= \left[\sum_{i=1}^{I} \int \left(p_j(i,\omega) \right)^{1-\sigma} d\omega \right]^{\frac{1}{1-\sigma}} \\
&= \left[\sum_{i=1}^{I} M(i) \int_{\varphi^*(i)}^{\infty} \left(\left(\frac{\sigma}{\sigma-1} \right) \frac{\tau_{ij} w(i)}{\varphi(i)} \right)^{1-\sigma} dG(\varphi) \right]^{\frac{1}{1-\sigma}} \\
&= \left(\frac{\sigma}{\sigma-1} \right) \sigma^{\frac{1}{\sigma-1}} (\beta-1)^{\frac{1}{k}} (E_j)^{\frac{1}{k}-\frac{1}{\sigma-1}} \frac{\mu_j}{\varphi_{min}}
\end{aligned}
$$

ただし，$\mu_j = \left[\sum_{i=1}^{I} (\tau_{ij})^{-k} (w(i))^{1-\sigma\beta} \frac{L(i)(l_{Xj}(i))^{1-\beta}}{l_E(i)} \right]^{-\frac{1}{k}}$ であり，これが輸入国の

遠隔度を表している．μ_j は自国も含めて対称的な形となっている点に注意されたい．新々貿易理論では新貿易理論の場合とは異なり，価格指数がそのまま遠隔度を示すわけではない．特に，自国市場規模は外国市場規模とは異なる形で価格指数に影響する．自国市場が大きければ自国への輸出を行う外国企業が多く，自国で消費可能な財のバラエティが増加することで価格指数が低くなるためである．全企業が輸出する新貿易理論では現れなかった効果といえる．

j 国に輸出を行う i 国企業数は，

$$
\begin{aligned}
M_j(i) &= \left[1 - G(\varphi_j^*(i)) \right] M(i) \\
&= \frac{\beta-1}{\sigma\beta} \left(\frac{\tau_{ij}}{\mu_j} \right)^{-k} \frac{(w(i))^{-\sigma\beta} L(i) w(j) L(j)}{(l_{Xj}(i))^\beta l_E(i)}
\end{aligned}
$$

---

[38] 参入を試みる企業数 $M(i)$ は，実際に生産を行う企業の数 $M_i(i)$ とは異なる点に注意されたい．

である．$\left[1-G(\varphi_j^*(i))\right]$ は i 国企業が j 国に輸出を行う確率であり，Baldwin and Harrigan（2011）のように，実証を意識して外国のいずれか一国に輸出する企業で条件づけると，

$$\frac{\left[1-G\left(\varphi_j^*(i)\right)\right]}{\max_{h\neq i}\left[1-G\left(\varphi_h^*(i)\right)\right]}=\frac{\left(\dfrac{\tau_{ij}}{\mu_j}\right)^{-k}\dfrac{w(j)L(j)}{\left(l_{Xj}(i)\right)^{\beta}}}{\max_{h\neq i}\left[\left(\dfrac{\tau_{ih}}{\mu_h}\right)^{-k}\dfrac{w(h)L(h)}{\left(l_{Xh}(i)\right)^{\beta}}\right]}$$

となる．また，Melitz and Redding（2014）は，輸出企業数 $M_j(i)$ を貿易の外延とし，輸出企業当たりの平均輸出額を貿易の内延と定義している[39]．

i 国から j 国への総輸出額は，

$$M(i)\int_{\varphi_j^*(i)}^{\infty}p_j(i,\varphi)x_j(i,\varphi)dG(\varphi)=\left(w(i)\right)^{1-\sigma\beta}\left(\frac{\tau_{ij}}{\mu_j}\right)^{-k}\left(l_{Xj}(i)\right)^{1-\beta}\frac{L(i)w(j)L(j)}{l_E(i)}$$

と表される．さらに，輸出側の遠隔度を

$$\chi_i=\left[\sum_{j=1}^{I}\left(\frac{\tau_{ij}}{\mu_j}\right)^{-k}\left(l_{Xj}(i)\right)^{1-\beta}w(j)L(j)\right]^{-\frac{1}{k}}$$

と定義することで，グラビティ方程式により近い表現が得られ，最終的に貿易額は

$$M(i)\int_{\varphi_j^*(i)}^{\infty}p_j(i,\varphi)x_j(i,\varphi)dG(\varphi)=\left(\frac{\tau_{ij}}{\chi_i\mu_j}\right)^{-k}\left(l_{Xj}(i)\right)^{1-\beta}w(i)L(i)w(j)L(j)$$

と表される．

新々貿易理論をベースにしても，グラビティ方程式の形はほとんど変化しないことがわかる．しかしながら新貿易理論から導出されたグラビティ方程式とまったく同じではなく，ここでは貿易の外延が含まれることによって生

---

[39] Chaney（2008）は可変的あるいは固定的な貿易コストの変化に対する貿易額の変化を輸出企業数の変化と平均輸出額の変化に分解し，前者を外延，後者を内延と定義している．

じる違いを2点指摘しておきたい. まず, 貿易額を決定する要因としてi国からj国への輸出にかかる固定費用$l_{Xj}(i)$が含まれている点である. 輸出固定費用が下がると輸出企業数が増加し, 貿易額も増加する. 2点目は, 可変的な貿易コストτ_{ij}に対する貿易額の弾力性がkとなっていることである. 新貿易理論で弾力性は$(\sigma-1)$であったが, $k>\sigma-1$であり, 企業の異質性を考慮することで貿易コストの与える影響が大きくなることがわかる. 可変的な貿易費用もまた貿易の外延を通して貿易額に影響するためである.

さらに, Chaney (2008) で指摘されているように, 新々貿易理論に基づくグラビティ方程式では競争の激しさが貿易政策の効果を決定する要因となっていない点も興味深い. 新貿易理論に基づく場合, 競争が激しくσが大きい産業では関税などの可変的な貿易コストを変える政策の効果が大きいのに対し, 本節のモデルでは, 生産性分布のパラメータであるkのみが, 貿易政策の影響と関係している. 実際のところ, 新々貿易理論に基づくグラビティ方程式の場合であっても, 貿易政策が貿易の内延を通して与える影響は競争が激しい場合に大きくなっている. しかし, 外延を通して与える影響は競争が激しいと小さいため, 生産性をパレート分布とした場合には両者の効果が相殺され, 結果として競争の激しさは貿易政策の効果と関わらないのである.

本節のモデルでは, 輸出企業数によって貿易の外延を定義した. しかし, 複数国の企業データが得られることは希であり, 実証では, Eaton, Kortum, and Kramarz (2011) のように, 輸出国を固定して個票データを利用する研究が多い. また, 企業ではなく品目から外延を定義した研究も非常に多い. 代表はHummels and Klenow (2005) とKehoe and Ruhl (2013) だが, 後者は貿易額の小さい品目の貿易額が大きく増加したケースを外延として扱っており, 輸出していなかった品目の輸出を始めたケースとは本質的に異なる.

5.4 企業間で品質の異なるモデル

新々貿易理論では企業の異質性が導入され, 生産性の高い企業のみが輸出を行うという実証研究と整合的なモデルが作成された. また, 貿易コストは貿易の外延を通して貿易額と関わるため, グラビティ方程式が若干修正された. Baldwin and Harrigan (2011) は, 貿易の外延と価格の観点からグラビティ

方程式のベースとなる理論を特定した研究であり，外延の観点では Melitz
(2003) をベースとする新々貿易理論が実証結果と整合的であると示されて
いる．ところが，価格から考えた場合，新々貿易理論はグラビティ方程式を
用いた実証と整合的な結果が得られない．すなわち，新々貿易理論では生産
性が高く価格の低い企業が輸出を行うのであり，距離が遠く輸送コストの大
きい国に対して価格の高い企業は輸出できないため，距離と平均価格は負に
相関するはずである．ところが，実際には価格を被説明変数とする推定を行
うと，距離の係数が正となる．この点を説明するために Baldwin and Harrigan
(2011) は財の品質をモデルに取り入れ，データ上で価格の高い財は実際に
は品質も高く，品質調整済みの価格はむしろ低くなる理論を提示した．貿易
する財の品質は以前から研究されていたが，グラビティモデルと関係づけた
研究は Baldwin and Harrigan (2011) が初めてである[40]．本節では，Baldwin and
Harrigan (2011) に貿易コストの非対称性を導入した理論を示す．同様の理論
は Johnson (2012) でも展開されているが，本節の理論では生産性の分布が片
側でのみ切断されている．

　基本的な設定は前節の新々貿易理論とほとんど変わらない．効用関数は

$$U_j = \left[\sum_{i=1}^{I} \int_{\omega \in \Omega_i} \left(\frac{x_j(i,\omega)}{\beta(i,\omega)} \right)^{\frac{\sigma-1}{\sigma}} d\omega \right]^{\frac{\sigma}{\sigma-1}}$$

とする．財の品質 $\beta(i,\omega)$ が再導入され，企業レベルで定義されている点に注
意されたい．i 国企業の j 国への輸出額は，

$$p_j(i,\omega) x_j(i,\omega) = \left(\frac{\beta(i,\omega) p_j(i,\omega)}{P_j} \right)^{1-\sigma} E_j$$

である．ただし，

---

[40] Schott (2004)，Hallak (2006)，Verhoogen (2008)，Khandelwal (2010) などを参照さ
れたい．

である.

$$P_j = \left[\sum_{i=1}^{I} \int \left(\beta(i,\omega) \, p_j(i,\omega) \right)^{1-\sigma} d\omega \right]^{\frac{1}{1-\sigma}}$$

財の品質は外生的に数量ベースの生産性 (物的生産性) と以下のような関係を持つと仮定する.

$$\beta(i,\omega) = \left(\varphi(i,\omega) \right)^{1+\theta}$$

θは市場構造を決めるパラメータである. 財1単位当たりの生産に必要な労働が1%上がると財の品質が $(1+\theta)$%だけ上がる. 生産関数は品質を考慮しないモデルとまったく変わらないとすると, 企業の設定する価格も同じように表される. このとき, 輸出収入と操業利潤は,

$$
\begin{aligned}
p_j(i,\omega) x_j(i,\omega) &= \left(\left(\frac{\sigma}{\sigma-1} \right) \frac{\beta(i,\omega) \tau_{ij} w(i)}{\varphi(i,\omega)} \right)^{1-\sigma} \left(P_j \right)^{\sigma-1} E_j \\
&= \left(\left(\frac{\sigma}{\sigma-1} \right) \left(\varphi(i,\omega) \right)^{\theta} \tau_{ij} w(i) \right)^{1-\sigma} \left(P_j \right)^{\sigma-1} E_j
\end{aligned}
$$

$$\pi_j^*(i,\omega) = \frac{1}{\sigma} \left(\left(\frac{\sigma}{\sigma-1} \right) \left(\varphi(i,\omega) \right)^{\theta} \tau_{ij} w(i) \right)^{1-\sigma} \left(P_j \right)^{\sigma-1} E_j$$

である. ここには品質を考慮しないモデルと重要な差異が現れている. $\theta > 0$ を仮定すると, 物的生産性が大きい企業ほど価格は低いものの財の品質も低く, 品質で調整した価格が高くなることで収入や利潤も小さくなる. 逆に$\theta < 0$であれば, 品質を考慮しないモデルと同様に, 生産性の高い企業が低い価格を設定し, 大きな収入や利潤を得る. $\theta > -1$である限り生産性の低い企業が高品質の財を生産するが, 品質の向上による需要の増加率に比べてコストの増加率が大きいため, 企業規模は小さくなってしまうのである. 前節との違いに焦点を当てるため, 以降の本節では$\theta > 0$を仮定する. また, 品質を生産性から表すことで, 前節のように企業レベルの変数を生産性の関数とする.

生産性の閾値$\varphi_j^*(i)$は,

$$\varphi_j^*(i) = \left[(\sigma w(i))^{-\sigma} \left(\frac{\tau_{ij}}{\sigma-1} \right)^{1-\sigma} \frac{(P_j)^{\sigma-1} E_j}{l_{Xj}(i)} \right]^{\frac{1}{\theta(\sigma-1)}}$$

である．ただし，前節のモデルとは異なり，$\varphi < \varphi_j^*(i)$ となる生産性を持つ企業が輸出を行う．

j国への輸出による利潤と総利潤は，

$$\pi_j(i,\varphi) = \max \left\{ 0, \left[\left(\frac{\varphi}{\varphi_j^*(i)} \right)^{-\theta(\sigma-1)} - 1 \right] w(i) l_{Xj}(i) \right\}$$

$$\pi(i,\varphi) = \sum_{j=1}^{I} \max \left\{ 0, \left[\left(\frac{\varphi}{\varphi_j^*(i)} \right)^{-\theta(\sigma-1)} - 1 \right] w(i) l_{Xj}(i) \right\} - w(i) l_E(i)$$

である．生産性は$\varphi \leq \varphi_{max}$の範囲で以下の分布に従うと仮定する[41]．

$$G(\varphi) = \left(\frac{\varphi}{\varphi_{max}} \right)^k$$

ただし，$\gamma = \dfrac{k}{\theta(\sigma-1)} > 1$とする．自由参入条件を解くと，

$$\sum_{j=1}^{I} l_{Xj}(i) \left(\frac{\varphi_j^*(i)}{\varphi_{max}} \right)^k = (\gamma-1) l_E(i)$$

となる．参入者当たりの生産労働者は，

$$\sum_{j=1}^{I} \int_{\varphi_j^*(i)}^{\infty} l_j(i,\varphi) dG(\varphi) = \frac{k l_E(i)}{\theta}$$

である．労働市場の均衡より，参入を試みる企業の数は以下のように定まる．

$$M(i) = \frac{L(i)}{\sigma \gamma l_E(i)}$$

生産性の閾値と企業数を解くことで価格指数が以下のように表される．

---

[41] 物的生産性の高い企業の規模が小さくなるため，前節のモデルとは異なる生産性の分布を仮定するが，この分布の下でφの逆数はパレート分布に従う．

$$P_j = \left(\frac{\sigma}{\sigma-1}\right)\sigma^{\frac{1}{\sigma-1}}(\gamma-1)^{\frac{\theta}{k}}(E_j)^{\frac{\theta}{k}-\frac{1}{\sigma-1}}(\varphi_{max})^{\theta}\mu_j$$

ただし，$\mu_j = \left[\displaystyle\sum_{i=1}^{I}(\tau_{ij})^{-\frac{k}{\theta}}(w(i))^{1-\sigma\gamma}\frac{L(i)(l_{Xj}(i))^{1-\gamma}}{l_E(i)}\right]^{\frac{\theta}{k}}$ であり，これは輸入国の

遠隔度を表している．

i 国から j 国への輸出企業数は

$$M_j(i) = \frac{\gamma-1}{\sigma\gamma}\left(\frac{\tau_{ij}}{\mu_j}\right)^{-\frac{k}{\theta}}\frac{(w(i))^{-\sigma\gamma}L(i)w(j)L(j)}{(l_{Xj}(i))^{\gamma}l_E(i)}$$

であり，i 国から j 国への総輸出額は，

$$M(i)\int_0^{\varphi_j^*(i)}p_j(i,\varphi)x_j(i,\varphi)dG(\varphi) = \left(\frac{\tau_{ij}}{\mu_j}\right)^{-\frac{k}{\theta}}(l_{Xj}(i))^{1-\gamma}(w(i))^{1-\sigma\gamma}\frac{L(i)w(j)L(j)}{l_E(i)}$$

$$= \left(\frac{\tau_{ij}}{\chi_i\mu_j}\right)^{-\frac{k}{\theta}}(l_{Xj}(i))^{1-\gamma}w(i)L(i)w(j)L(j)$$

となる．ただし，$\chi_i = \left[\displaystyle\sum_{j=1}^{I}\left(\frac{\tau_{ij}}{\mu_j}\right)^{-\frac{k}{\theta}}(l_{Xj}(i))^{1-\gamma}w(j)L(j)\right]^{-\frac{\theta}{k}}$ である．

　前節のグラビティ方程式との違いは，貿易コストに対する貿易額の弾力性が，$\frac{k}{\theta}$ となっている点である．$0<\theta<1$ のときには，品質を考慮しないグラビティモデルよりも弾力性は大きくなるが，$\theta>1$ であれば本節の方が弾力性は小さい．θ が大きければ，価格に対して品質の重要性が高く，価格をあげても需要はあまり変わらないため，貿易コストの役割は小さくなる．

　また，i 国から j 国への平均輸出価格を $\overline{p_j^*}(i)$ とすると，

$$\overline{p_j^*}(i) = \left[1-\frac{1}{(\gamma-1)(\sigma-1)}\right]\left(\frac{w(i)\sigma}{\sigma-1}\right)(\varphi_j^*(i))^{-1}$$

であり，$\overline{p_j^*}(i) \propto (\tau_{ij})^{\frac{1}{\theta}}$ となる．すなわち，貿易コストが高い国はセレクションが厳しく，高価格で高品質な財を生産する企業しか輸出できないため，平

均輸出価格が高くなるのである．なお，平均輸入価格は平均輸出価格に貿易
コストが直接的に加わるため，貿易コストに対する弾力性は$\left(1+\dfrac{1}{\theta}\right)$となる．

　本節で示した Baldwin and Harrigan（2011）の理論では，輸出企業のセレク
ションのみによって品目レベルの平均価格と相手国との距離に正の相関が生
じている．ところが税関データを用いた研究によると，特定の企業の特定品
目に注目した場合であっても，企業は距離の遠い国への輸出品に対しては平
均的に高い輸出価格を設定している[42]．したがって，輸出企業のセレクショ
ンのみでは，平均価格と距離の関係のすべては説明できない．実際には，距
離の遠い国への輸出にはパッケージに高いコストがかかる可能性や，同一企
業・同一品目内におけるセレクション，従量的な輸送コストによる Alchian-
Allen 効果が平均価格と距離の関係を説明する要因として，補完的な役割を
果たしていると考えられる．

---

[42] Bernard, Jensen, Redding, and Schott（2007），Bastos and Silva（2010），Martin（2012），
Manova and Zhang（2012）などを参照されたい．ただし，Harrigan, Ma, and Shlychkov
（2015）は，相手国による平均価格の違いの大半は企業間の価格差から生じている
ことを指摘している．

第6章

推定方法

6.1 年次貿易額の推定

　本章ではグラビティモデルに基づいて，FTAの効果を推定する方法を説明する[43]．最もシンプルな分析では，貿易額（輸出額または輸入額）をGDP，一人当たりGDP，物価指数，遠隔度指数，日本からの距離，FTAダミー，年ダミーに回帰する．すなわち，推定式は下記の通りである．

$$
\begin{aligned}
lnTrade_{it} = {} & \beta_1 lnGDP_{it} + \beta_2 lnGDPpc_{it} + \beta_3 lnRemoteness_{it} \\
& + \beta_4 lnPricelevel_{it} + \beta_5 lnDistance_i + \beta_6 FTA_{it} + YearFE_t \\
& + u_{it}
\end{aligned}
\tag{1}
$$

ここで，iは相手国（159ヵ国），tは年（2000年から2011年）を表す．遠隔度指数は，Baldwin and Harrigan（2011）を参考に，GDPと二国間距離のデータを用いて以下のように算出した．

$$
Remoteness_{it} = \left(\sum_j \frac{GDP_{jt}}{Distance_{ij}} \right)^{-1}
$$

また，FTAダミーは相手国が当該年に日本とFTAを発効させていれば1とした．ただし，Ando and Urata（2011）に倣い，発効が7月以降の場合にはFTAが発効していないとみなし，翌年から1とした．この方法では，7月発効のFTAの係数が最も過小に推定されるが，実際の発効年をそのまま用いた場

---

[43] グラビティモデルの推定方法に関するサーベイとしては，Head and Mayer（2014）があげられる．

合，12月発効のFTAの係数が最も過小に推定される．12月発効の国は5ヵ国あり，11月発効も2ヵ国あるため，このような対応を行った．ただし，FTAの発効が2011年8月であるインドは，年次貿易額を用いた回帰分析上の発効年が2012年となり，マクロデータの制約から年次貿易額を用いた推定では対象となるFTAに含まれない．また，推定では二国間FTAとAJCEPを特に区別しない．それぞれの相手国に対してどちらかが発効した時点で1とし，追加的な協定は効果を与えないと仮定する[44]．

（1）式は年別相手国別の貿易額をプーリングデータとみなした推定であり，相手国ごとの観測不可能な要因が貿易額に影響している可能性が考慮されていない．そのため，FTAの締結が観測不可能な要因と相関している場合にはFTAの係数にバイアスが生じる．特に，貿易額の大きい相手国とFTAを締結する傾向にあれば，FTAの効果を過大に評価してしまう．そのため，次式のように相手国に関して固定効果を取った推定を行い，FTAの締結によって貿易額が増加したか検証する．日本からの距離は時間を通じて一定であるため，この推定式での説明変数に距離は含まれない．

$$
\begin{aligned}
lnTrade_{it} = {} & \beta_1 lnGDP_{it} + \beta_2 lnGDPpc_{it} + \beta_3 lnRemoteness_{it} \\
& + \beta_4 lnPricelevel_{it} + \beta_5 FTA_{it} + CountryFE_i + YearFE_t \\
& + u_{it}
\end{aligned}
\tag{2}
$$

さらに，（2）式による推定ではFTAの効果がすべて等しいと仮定されているが，FTAが貿易額に与える効果は相手国ごとに大きく異なると考えられる．したがって，次の回帰式ではFTAの係数を相手国別に推定する．

$$
\begin{aligned}
lnTrade_{it} = {} & \beta_1 lnGDP_{it} + \beta_2 lnGDPpc_{it} + \beta_3 lnRemoteness_{it} \\
& + \beta_4 lnPricelevel_{it} + \sum_{j \in Partners} \beta_5^j FTA_{it}^j + CountryFE_i \\
& + YearFE_t + u_{it}
\end{aligned}
\tag{3}
$$

---

[44] 浦田・早川（2016）によると，日本の輸入では，二国間FTAとAJCEPのうち，発効の早い方が主に利用されている．

ここでFTA_{it}^jはj国とのFTAダミーであり，FTAが貿易額に与える効果を相手国ごとに推定している．

FTA発効後の関税削減が段階的に行われる品目は多く，貿易額への影響も段階的に増加する可能性がある．したがって，発効後の年数によってFTAの効果が増加する可能性を考慮した分析を以下のように行う．

$$
\begin{aligned}
lnTrade_{it} = {} & \beta_1 lnGDP_{it} + \beta_2 lnGDPpc_{it} + \beta_3 lnRemoteness_{it} \\
& + \beta_4 lnPricelevel_{it} + \beta_5 FTA_{it} + \beta_6 \sum_{s=0}^{11} FTA_{i,t-s} \\
& + CountryFE_i + YearFE_t + u_{it}
\end{aligned}
\tag{4}
$$

$$
\begin{aligned}
lnTrade_{it} = {} & \beta_1 lnGDP_{it} + \beta_2 lnGDPpc_{it} + \beta_3 lnRemoteness_{it} \\
& + \beta_4 lnPricelevel_{it} + \sum_{s=-1}^{5} \beta_5^s \Delta FTA_{i,t-s} + CountryFE_i \\
& + YearFE_t + u_{it}
\end{aligned}
\tag{5}
$$

ここで，$FTA_{i,t-s}$はs年前のFTAダミーであり，$\sum_{s=0}^{11} FTA_{i,t-s}$はFTAの発効から経過した年数を表す．発効年はゼロであり，(1) 式の場合と同様に7月以降は翌年の発効とみなしている．(4) 式ではFTA発効からの年数に比例して貿易額が増加すると仮定されている．それに対し，(5) 式の推定は，経過年数の影響の非線形性を考慮している．(5) 式では，$\Delta FTA_{i,t-s} = FTA_{i,t-s} - FTA_{i,t-s-1}$のようにFTAダミーの階差を取り，FTAの発効からs年後にのみ1となる変数を作成した．ここでは，FTA発効の1年前から4年後までの効果を識別し，5年後以降は同一の影響を仮定している．ただし，この年次データの推定で5年後以降のFTAに含まれるのはシンガポールとメキシコのみであり，対象となるFTA締結国12ヵ国中7ヵ国は，1年後のみまたは2年後までの効果しか推定されていない点には注意されたい．

グラビティモデルの推定には，近年多くの論点が提示されている．そのため，ここでそれらの論点の概要を説明し，本研究における対処方法を議論する．具体的には多国間貿易抵抗指数，ゼロ，対数線形化の3点に関して扱う．

まずは理論モデルですでに説明した多国間貿易抵抗指数である．Anderson

and van Wincoop（2003）で示されたように，従来のグラビティモデルでは輸出国と輸入国間の関係に重点が置かれ，第三国との輸出入の可能性によって生じる競争の激しさ，あるいは世界からの遠隔度といったものを示す指数がほとんど取り入れられていなかった．この指数が多国間貿易抵抗指数であり，コントロールする手法はいくつかの研究で検討されている．最も有効なのは，Feenstra（2002）で提唱された輸出国×年固定効果，輸入国×年固定効果を導入する方法である．ところが本研究では日本側のみのデータを用いているため，相手国×年固定効果を分析に加えることができない．そこで本研究では，以下に説明する3変数によって多国間貿易抵抗指数に対応した．まず，多国間貿易抵抗指数の時不変部分は，回帰分析に国の固定効果を用いることで解決できる．また，時系列的な変動は物価指数のデータと遠隔度指数を活用することで対応する．物価指数の利用はFeenstra（2002）で行われており，遠隔度指数はBaldwin and Harrigan（2011）と同様の方法で作成している．これらの説明変数によって，多国間貿易抵抗指数が十分にコントロールされていると断定することはできない．しかし，実際に物価指数や遠隔度指数を落とした推定も行ったが，結果はほとんど変わらなかった．

　2点目は貿易額ゼロに関する問題である．Helpman, Melitz, and Rubinstein（2008）は，1986年における158ヵ国の貿易データを用い，158*157＝24,806の潜在的な貿易フローのうち，半分に満たない11,146のフローにのみ貿易が記録され，その他はゼロで占められている点を指摘した．日本の貿易でも，部門・品目レベルでは多くがゼロで占められている．たとえば，2005年における日本の輸出データでは，輸送機器部門に191品目が属し，214ヵ国に輸出されているのに対して，飲食料品部門には198品目が属するにも関わらず，輸出が記録されているのは116ヵ国にすぎない．通常のグラビティモデルでは貿易額の対数値を用いているが，ゼロには対数値が定義されないため，ゼロの扱いという問題が生じる．しかし，年次データを用いた推定の対象である159ヵ国×12年＝1,908フローにおいて日本の輸出額にゼロのフローはなく，輸入側でもゼロのフローは20にすぎない．さらに，ゼロの問題は次に述べる対数線形化の問題への対応によって副次的に解決することができる．

最後に対数線形化の問題を述べる．通常のグラビティモデルでは対数線形化を行い最小二乗法 (OLS) で推定しているが，不均一分散のように2次以上のモーメントが説明変数と相関する場合，対数線形化を行うと推定された係数は効率性のみならず一致性さえも失ってしまう．Santos Silva and Tenreyro (2006) はこの問題を指摘し，その解決方法としてポワソン疑似最尤推定法 (PPML) を提示している．なお，PPMLでは上記のゼロの問題に対応することもできる．したがって，(1) 式から (5) 式と同様の説明変数を利用し，PPMLを用いた分析も行った．

6.2　月次貿易額の推定

これまでに示した推定式は年次データを用いた推定式であったが，本研究ではさらに月次データを用いた推定も行った．基本となる推定式は下記の通りである．

$$
lnTrade_{iym} = \sum_{j\in Partners} \beta_1^j FTA_{it}^j + CountryMonthFE_{im} + PeriodFE_{ym} \\
+ u_{iym}
$$

(6)

ここで，i は相手国，y は年，m は月を表す．この推定では説明変数にGDPなどのマクロ変数を含んでいないため，対象年を2014年までの15年とし，対象国を229ヵ国・地域に拡大している．そのため，ミャンマー，インド，ペルーとのFTAの効果も推定される．ただし，この推定では経済成長によるGDPの増加が貿易額に与える影響によってFTAダミーの係数にバイアスが生じている可能性がある．そのため結果の解釈は慎重に行うべきだが，対象年と対象国を限定し，マクロ変数を説明変数に含んだ推定でも結果はあまり変わらなかった．また，FTAダミー (FTA_{iym}) は，当該国とFTAが発効していれば1を取る変数であり，発効が16日以降の場合には翌月の発効とみなした．多くのFTAの発効日は発効月の1日であり，月の途中での発効によるバイアスは小さいと考えられる．基本となる分析では相手国×月と年月の次元で固定効果を取っている．(6) 式の推定で用いられている年月の固定効果は，世界的なショックを捉えている．国ごとの季節性を考慮するため，国×

月の固定効果も推定に含めている.

　年次貿易データと同様，月次データでもFTAの動学的な効果の推定を行った. 推定式は下記の通りである.

$$
lnTrade_{iym} = \sum_{s=-12}^{60} \beta_1^s \Delta FTA_{i,ym-s} + CountryYearFE_{iy} \\
+ CountryMonthFE_{im} + PeriodFE_{ym} + u_{iym}
\tag{7}
$$

（7）式の推定では，国×年の固定効果が含まれることにより，GDPなどのマクロ変数を落としていても，マクロ的な要因をある程度考慮した推定となっている. FTAダミーの階差を取った変数（$\Delta FTA_{i,ym-s}$）はFTA発効からsヵ月後にのみ1を取る. この変数をFTA発効の12ヵ月前から60ヵ月以降にわたって作成し，FTA発効前後で貿易額がどのように推移しているか分析した.

　さらに，貿易額の差分を被説明変数とする推定を行い，FTAの動学的な影響を分析した. 推定式は以下の通りである.

$$
\Delta lnTrade_{i,ym} = \beta FTA_{i,ym} + CountryMonthFE_{im} + PeriodFE_{ym} + u_{i,ym}
\tag{8}
$$

$$
\Delta lnTrade_{i,ym} = \beta_1 \Delta FTA_{i,ym} + \beta_2 \left(FTA_{i,ym} - \Delta FTA_{i,ym} \right) \\
+ CountryMonthFE_{im} + PeriodFE_{ym} + u_{i,ym}
\tag{9}
$$

$$
\Delta lnTrade_{iym} = \sum_{s=-12}^{60} \beta^s \Delta FTA_{i,ym-s} + CountryMonthFE_{im} \\
+ PeriodFE_{ym} + u_{iym}
\tag{10}
$$

（8）式から（10）式の推定は，FTAが貿易額の変化率に与える影響の分析である. （6）式とは異なり，国×月の固定効果によって貿易額のトレンドも相手国別に考慮されている. （8）式はFTAの発効によって貿易額の変化率が上昇したかどうかを推定しているのに対し，（9）式は発効月とそれ以外の月で係数をわけて推定しており，前者は発効による貿易額の水準への効果，後者は変化率への効果を表している. （10）式ではFTA発効前後でFTAの与える影響はどのように推移しているかを詳細に明らかにする.

　以上の月次データによる分析は，演算量の問題からすべてOLSで行った.

130

本来であればゼロの割合が大きい月次データこそ PPML によって推定すべきであり，この点については将来の課題としたい．ただし，実際にはすべての FTA 締結国を含む多くの国との輸出入は，対象期間の 180 ヵ月すべてで行われている．

6.3 部門別貿易額の推定

本書では追加的な分析として，グラビティモデルによる回帰分析を部門別の貿易額でも行う．部門ごとの貿易額を合計した貿易総額による分析では，貿易額の大きい部門がその国との FTA の効果を大きく左右する．第 3 章で確認したように，日本の対世界輸出入部門は変化しており，その要因としては日本の国際的な競争力の変化や世界的な需要の変化などがあげられる．FTA と関係のない要因を排除するため，以下のように部門別の貿易額を利用した推定を行う．

$$
\begin{aligned}
lnTrade_{ikt} =\ & \beta_1 lnGDP_{it} + \beta_2 lnGDPpc_{it} + \beta_3 lnRemoteness_{it} \\
& + \beta_4 lnPricelevel_{it} + \sum_{j \in Partners} \beta_5^j FTA_{it}^j \\
& + CountrySectionFE_{ik} + SectionYearFE_{kt} + u_{ikt}
\end{aligned}
\tag{11}
$$

(11) 式において k は部門であり，第 3 章で示した分類にしたがってわけられた 22 部門を表している．(11) 式には国×部門の固定効果と部門×年の固定効果が含まれており，それぞれ相手国別に時不変な貿易構造と部門別のマクロショックの効果を捉えている．ただし，各コントロール変数や FTA に関しては，相手国別に部門間で同一の影響を想定している．

また，第 2 章で確認したように，日本やその貿易相手国の関税構造は部門ごとに大きく異なり，FTA による関税の削減も部門によって違いがあった．さらに，前節で貿易コストの変化に対する貿易額の変化は，代替の弾力性や企業の生産性の分布，品質とコストの関係性に依存していると導かれており，これらのパラメータは産業ごとに異なると考えるのが自然である．これらの理由によって，FTA の効果も部門によって大きく異なる可能性がある．したがって，(3) 式の推定を部門ごとに行い，FTA の効果が部門によってど

のように異なるのかを明らかにする.

6.4 貿易品目数・貿易財価格の推定

追加的な分析として,近年注目されている貿易品目数と貿易財価格に関しても FTA の効果を明らかにする.まずは貿易品目数の対数値を被説明変数とする回帰分析を行い,FTA によって貿易品目数が増大したのか検証する[45].品目は HS9 桁をそのまま数えたパターンに加え,HS9 桁を HS6 桁で一貫するコードに集計したものも用いる.説明変数は貿易額の推定の場合と同じ,GDP,一人当たり GDP,遠隔度指数,物価指数,FTA ダミーである.新々貿易理論によれば,貿易コストの低下に伴って輸出する企業が増加し,貿易品目数は増加しているはずである.

また,単に被説明変数を貿易額から貿易品目数に置き換えた推定だけではなく,Santos Silva, Tenreyro, and Wei(2014)で提唱される手法も用いることで貿易品目数への影響の非線形性にも対応する.Santos Silva, Tenreyro, and Wei(2014)は貿易品目数がゼロ品目と全品目の両側で制約されている点に注目し,両端に近づくにつれて各説明変数の影響が小さくなるよう,下記のようにリンク関数を設定している.

$$\frac{\#\left(TradedProducts\right)_{it}}{\#\left(AllProducts\right)_{t}} = 1 - \left[1 + \omega \exp\left(x_{it}'\beta\right)\right]^{-\frac{1}{\omega}} + u_{it} \tag{12}$$

(12)式の被説明変数は,全貿易品目数に対する当該国との貿易品目数の割合である.また,$\omega > 0$ はリンク関数の形状を決定するパラメータである.$\omega = 1$ の場合は対称であり,Papke and Wooldridge(1996)の場合と同様のロジットモデルとなる.また,$\omega > 1$ なら右に歪んだ形となり,$\omega < 1$ であれば左に歪んだ形である.特に,$\omega \to 0$ ならば対数線形型となる.x_{it} は説明変数であり,年次貿易額の分析において利用された変数を用いる.相手国ダミーを含む推定も行っているが,付随パラメータ問題があるため,結果の解釈に

---

[45] なお,Baldwin and Harrigan(2011)では,輸出している品目・相手国に対して 1,そうでない場合に 0 を取る二値変数を作成し,線形確率モデルとロジットモデルで推定を行っている.

は慎重になるべきである.

また,第5章で示した Baldwin and Harrigan（2011）の理論に基づいて,FTA が貿易財の価格に及ぼす影響を推定する[46].価格は貿易額を貿易数量で割ることで算出した.FTA が貿易コストを引き下げることで貿易額を増加させているのであれば,価格で競争する財の輸出価格は上昇し,品質で競争する財の輸出価格は低下する.また,輸入額には関税以外の貿易コストが含まれているため,FTA によって非関税障壁が減少しているとすれば,輸入価格は FTA によって低下すると考えられる.具体的な回帰式は以下の通りであり,貿易財の価格の対数値を被説明変数とする推定を行う.

$$
\begin{aligned}
lnTradePrice_{ipt} = {} & \beta_1 lnGDP_{it} + \beta_2 lnGDPpc_{it} + \beta_3 lnRemoteness_{it} \\
& + \beta_4 lnPricelevel_{it} + \sum_{j \in Partners} \beta_5^j FTA_{it}^j \\
& + CountryProductFE_{ip} + ProductYearFE_{pt} + u_{ipt}
\end{aligned}
\tag{13}
$$

（13）式において p は品目を表す.品目は HS6 桁で一貫するコードに集計したが,HS6 桁内で数量単位の異なる品目はサンプルから落とした.また,この推定の主な目的は価格への影響にあるが,比較のために金額や数量の対数値を被説明変数とする分析も行う.

推定はすべて対数値を被説明変数とする OLS であり,Harrigan, Ma, and Shlychkov（2016）のように,セレクションによるバイアスは考慮していない.さらに,対数線形化に伴う問題にも対応していないため,貿易財価格への影響についての推定は,示唆的な結果にとどまるといわざるを得ない.

---

[46] 手法はそれぞれ若干異なるが,価格を被説明変数とする推定は,Baldwin and Ito（2011）,Johnson（2012）,Harrigan, Ma, and Shlychkov（2015）などで行われている.

第7章

分析結果

7.1 本章の概要

本章は分析結果の説明であり，前章で述べた手法に基づいて行った推定の結果を示し，その解釈を行う．まず本節では，それぞれの分析の概要と目的を整理しておく．

次節では，表42から表49において，年次貿易総額を用いた推定の結果を示す．この推定はFTAが貿易額に与える影響の最も基本的な分析であり，この結果が以降の議論においてベースとなる．また，相手国別にFTAの効果を推定した分析や，FTA発効後の経過年数による違いを考慮した分析の結果も説明する．

7.3節では，表50から表53で月次貿易額の推定結果を扱う．月次データの利用による利点は，FTAダミーの誤差が小さいこと，階差を取った推定によりサンプルの拡大が可能であること，FTA発効前後の動学的な効果が推定できることの3点である．これらの利点を活用するため，年次貿易額のケースと比較しながら結果の解釈を進める．

7.4節は部門別貿易額の推定結果であり，表54から表56に示している．第3章で確認したように，日本の輸出入部門はFTAのみによらない要因によって変化しており，相手国によるFTAの効果の違いが部門構成と部門特殊ショックによって説明されるのかを検証する．また，部門別の推定も行い，FTAによってどの国とのどの部門の貿易額が増加したのかを明らかにする．

7.5節は，応用的な分析として，FTAが貿易の外延に与えた影響を明らかにする．結果は表57と表58に示す通りである．一品目当たりの貿易額への影響との比較も行う．

135

最後に，7.6節はFTAの輸出入価格への影響を分析した結果である．表59
は輸出価格，表60は輸入価格の分析結果である．この推定は，FTAの貿易
価格への影響をファクトとしてみるだけでなく，モデルに基づいて貿易財の
競争状態を明らかにするという目的も持ち合わせている．

7.2 年次貿易額

表42は年次の輸出額に関する分析結果である．表42の(1)から(3)は
OLSによる推定結果である [47]．(1)は固定効果なし，(2)は年ダミーのみを加
えた(1)式の推定結果である．どちらもFTAダミーは正で統計的に有意であ
り，FTAの効果が現れているかにみえる．しかし，これらの推定ではFTA
ダミーの係数に相手国との観測できない要因の影響が含まれている．そこ
で，相手国ダミーを取ることで相手国の固定効果を考慮した(2)式を推定す
ると，表42の(3)のように，FTAダミーの係数は大きく低下し，統計的な
有意性もなくなる．したがって，日本はGDPや距離などをコントロールし
たうえで輸出額の大きい国とFTAを締結しているのであり，FTAそのもの
が日本の輸出額に及ぼす影響は小さいといえる．また，対数線形化されたモ
デルをOLSで推定すると係数にバイアスがかかるため，PPMLによる推定も
行った．(4)から(6)はPPMLによる推定結果である．やはり国の固定効果
により係数が大きく変化しており，統計的に有意でなくなっている．このた
め，相手国の固定効果を考慮しないクロスセクションでの推定には，大きな
バイアスが生じると考えられる．

表43はFTAダミーを相手国ごとに分解した(3)式の推定結果である．た
だし，表中には係数のみを示し，t値は省略した．(2)と(3)，(5)と(6)を
比較すればわかるように，相手国固定効果を含む推定かどうかで結果が大き
く異なっている．(6)の結果から，FTA締結国12ヵ国のうち，半数の6ヵ国
についてはFTAダミーが正で有意だが，3ヵ国は負で有意であり，FTAの効
果は相手国によって大きく異なっていることがわかる．また，(5)と(6)の
結果をベースにすると，FTA相手国は次の2パターンに分類できる．

---

[47] 推定方法については第6章を参照されたい．

第7章　分析結果

表42　FTA の年次輸出額への効果に関する推定結果

	(1) OLS	(2) OLS	(3) OLS	(4) PPML	(5) PPML	(6) PPML
GDP	0.987***	0.990***	-0.462	0.840***	0.844***	-0.585
	(23.28)	(23.45)	(-1.015)	(12.42)	(12.32)	(-1.268)
一人当たりGDP	0.275**	0.201*	1.452***	0.690***	0.612***	1.891***
	(2.442)	(1.691)	(2.887)	(4.769)	(4.204)	(4.686)
遠隔度指数	1.148***	1.008***	-1.836**	0.379**	0.359**	-0.749
	(4.224)	(3.699)	(-2.392)	(2.150)	(2.032)	(-1.146)
物価指数	1.504***	1.768***	0.932***	-0.0353	0.158	0.467***
	(8.327)	(8.357)	(6.743)	(-0.165)	(0.545)	(3.231)
日本からの距離	-1.360***	-1.369***		-0.979***	-1.006***	
	(-6.738)	(-6.895)		(-6.893)	(-6.495)	
FTAダミー	0.873**	1.203***	0.109	0.883***	0.990***	-0.00697
	(2.252)	(3.398)	(0.873)	(4.177)	(4.283)	(-0.0774)
定数項	22.65***	21.95***	-10.89	11.53***	11.93***	
	(6.216)	(6.193)	(-1.638)	(5.269)	(5.274)	
観測数	1,908	1,908	1,908	1,908	1,908	1,908
調整済み決定係数	0.788	0.797	0.973			
固定効果	なし	年	年+相手国	なし	年	年+相手国

カッコ内はt値を示す

*** p<0.01, ** p<0.05, * p<0.1

出所：本文記載のデータより筆者作成

表43　各FTA の年次輸出額への効果に関する推定結果

	(1) OLS	(2) OLS	(3) OLS	(4) PPML	(5) PPML	(6) PPML
FTA相手国						
シンガポール	2.597***	2.632***	-0.504***	1.256***	1.340***	-0.485***
メキシコ	0.196	0.366**	0.595***	0.0797	0.110	0.498***
マレーシア	1.297***	1.598***	-0.315***	1.020***	1.137***	-0.220***
チリ	0.226	0.638**	0.555***	0.272	0.460*	0.595***
タイ	1.702***	2.091***	-0.0648	1.437***	1.614***	0.0664
インドネシア	0.186	0.622***	-0.227**	0.747***	0.918***	0.0122
ブルネイ	-1.305***	-0.616*	0.107	-2.685***	-2.230***	-0.0429
ベトナム	1.618***	2.137***	0.189***	1.095***	1.355***	0.182***
ラオス	-0.229	0.257	0.537***	-0.866**	-0.635	0.560***
フィリピン	0.601**	1.026***	-0.310***	0.921***	1.089***	-0.181***
スイス	-0.0159	0.191	0.455***	-0.308	-0.171	0.391***
カンボジア	0.230	0.763***	0.215**	-0.509	-0.281	0.114***
観測数	1,908	1,908	1,908	1,908	1,908	1,908
調整済み決定係数	0.791	0.799	0.973			
固定効果	なし	年	年+相手国	なし	年	年+相手国

*** p<0.01, ** p<0.05, * p<0.1

出所：本文記載のデータより筆者作成

第1に，相手国の固定効果がない場合にFTAダミーの係数は正だが，固定効果を入れると負もしくは非有意に変わる国である．このパターンにはシンガポール，マレーシア，タイ，インドネシア，フィリピンといったASEANの主要国が属する．FTAによる負の効果は解釈が難しいが，これらの国々への輸出は停滞しており，他の国々が一定の増加を示す中で相対的な輸出額は減少していたと考えられる．

　第2のパターンは，メキシコ，チリ，ベトナム，ラオス，スイス，カンボジアにみられ，国の固定効果がない場合のFTAダミーの係数は非有意か正であり，国の固定効果を入れると正となる．国の固定効果を含まない推定におけるFTAダミーの係数は確かに正で有意の場合もあるが，ベトナムを除いて第1のパターンに当てはまる国々よりも係数は相対的に小さい．そのため，これらの国々への輸出額は，GDPや距離などをコントロールすると，ASEAN主要国ほどに大きいわけではない．しかし，国の固定効果を入れた推定においてFTAダミーの係数は正で有意であり，FTA発効によって日本からの輸出額は大きく増加したと解釈できる．これら2パターンに当てはまらないのはブルネイのみであり，相手国固定効果なしでは負で有意だが固定効果を含めると非有意となっている．

　より簡潔に結果をまとめると，次の通りになる．ASEAN主要国については，GDPや距離を考慮したうえで，日本からの輸出額がFTA発効以前から大きく，FTAによる輸出額の増加はほとんどみられない．対照的に，ASEAN内の低所得国や中南米の国々に対する輸出額はFTA発効前にそこまで大きくなかったが，FTA発効によって日本からの輸出額が大きく増加したということである．

　FTAの影響を相手国でなく発効後の年数で分解した結果が表44と表45である．表44は(4)式の推定結果であり，FTAの効果が発効後の経過年数に比例すると想定している．相手国固定効果を考慮していない(1)と(2)では，FTAダミーだけでなく，発効からの年数の係数も正で統計的に有意となっている．しかし，相手国固定効果を考慮した(3)では発効からの年数は有意でなく，さらにPPMLで推定した(6)では，FTAダミーも有意となっていない．

　表45は(5)式に基づいて，発効1年前から5年後以降までの非線形効果を

第 7 章　分析結果

表 44　FTA の年次輸出額への動学的効果に関する推定結果

	(1) OLS	(2) OLS	(3) OLS	(4) PPML	(5) PPML	(6) PPML
GDP	0.987***	0.990***	-0.463*	0.840***	0.844***	-0.583
	(23.32)	(23.49)	(-1.680)	(12.42)	(12.28)	(-1.222)
一人当たりGDP	0.274**	0.199*	1.450***	0.689***	0.606***	1.887***
	(2.432)	(1.678)	(5.153)	(4.712)	(4.073)	(4.051)
遠隔度指数	1.156***	1.016***	-1.852***	0.380**	0.363**	-0.752
	(4.258)	(3.735)	(-4.247)	(2.139)	(2.044)	(-1.075)
物価指数	1.506***	1.770***	0.930***	-0.0344	0.170	0.467***
	(8.336)	(8.358)	(10.53)	(-0.159)	(0.578)	(3.260)
日本からの距離	-1.367***	-1.377***		-0.980***	-1.007***	
	(-6.763)	(-6.919)		(-6.900)	(-6.503)	
FTAダミー	0.531*	0.833***	0.133**	0.872***	0.909***	-0.00630
	(1.850)	(3.292)	(1.991)	(4.382)	(4.242)	(-0.0869)
FTA発効からの年数	0.170*	0.185**	-0.0157	0.00444	0.0332	-0.000521
	(1.795)	(2.281)	(-0.657)	(0.108)	(0.842)	(-0.0240)
定数項	22.80***	22.10***	5.759	11.54***	12.01***	
	(6.254)	(6.234)	(1.055)	(5.243)	(5.255)	
観測数	1,908	1,908	1,908	1,908	1,908	1,908
調整済み決定係数	0.789	0.798	0.973			
固定効果	なし	年	年+相手国	なし	年	年+相手国

カッコ内はt値を示す
*** p<0.01, ** p<0.05, * p<0.1

出所：本文記載のデータより筆者作成

表 45　FTA の年次輸出額への動学的効果に関する推定結果

	(1) OLS	(2) OLS	(3) OLS	(4) PPML	(5) PPML	(6) PPML
FTA発効						
1年前	0.595**	0.734***	0.0571	0.707***	0.737***	-0.0125
発効年	0.732***	0.998***	0.178*	0.904***	0.953***	0.00250
1年後	0.612**	0.950***	0.106	0.851***	0.927***	-0.0178
2年後	0.665*	1.092***	0.0842	0.933***	1.049***	0.0108
3年後	1.185**	1.492***	0.0791	1.021***	1.092***	-0.0100
4年後	1.283**	1.602***	0.0126	0.802**	0.969***	-0.139
5年後以降	1.637**	1.999***	0.146	0.876***	1.099***	0.0468
観測数	1,908	1,908	1,908	1,908	1,908	1,908
調整済み決定係数	0.788	0.798	0.973			
固定効果	なし	年	年+相手国	なし	年	年+相手国

*** p<0.01, ** p<0.05, * p<0.1

出所：本文記載のデータより筆者作成

表46　FTAの年次輸入額への効果に関する推定結果

	(1) OLS	(2) OLS	(3) OLS	(4) PPML	(5) PPML	(6) PPML
GDP	1.406***	1.408***	0.425	0.834***	0.831***	0.715***
	(20.01)	(19.91)	(0.890)	(18.23)	(19.90)	(3.551)
一人当たりGDP	0.535***	0.476***	1.302***	0.545***	0.643***	0.0170
	(3.731)	(3.101)	(2.688)	(3.141)	(3.323)	(0.0545)
遠隔度指数	2.196***	2.089***	1.546**	1.139***	1.195***	-0.284
	(8.246)	(7.707)	(2.027)	(8.110)	(7.510)	(-0.461)
物価指数	1.211***	1.422***	0.811***	0.0691	-0.206	0.395**
	(5.255)	(5.025)	(4.510)	(0.266)	(-0.564)	(2.150)
日本からの距離	-1.507***	-1.516***		-0.988***	-0.961***	
	(-6.245)	(-6.203)		(-7.038)	(-6.948)	
FTAダミー	1.023**	1.282***	0.231***	0.603***	0.528*	-0.0622
	(2.221)	(2.676)	(3.200)	(2.101)	(1.659)	(-0.901)
定数項	30.78***	30.24***	32.39***	19.43***	19.11***	
	(7.976)	(7.880)	(3.471)	(9.860)	(9.157)	
観測数	1,888	1,888	1,888	1,908	1,908	1,908
調整済み決定係数	0.781	0.784	0.941			
固定効果	なし	年	年+相手国	なし	年	年+相手国

カッコ内はt値を示す
*** p<0.01, ** p<0.05, * p<0.1

出所：本文記載のデータより筆者作成

推定している．ただし，t値は省略している．結果は表44と同様であり，国の固定効果を加えない推定では，発効後の年数が経過するにつれて係数が上昇しているが，相手国固定効果のある(3)と(6)ではこの傾向はみられない．この結果はセレクションによってもたらされていると解釈すべきであり，表43の相手国別の推定において，相手国の固定効果を加えない推定では，早い段階でFTAが締結されたシンガポールやマレーシアはFTAの係数が大きかった．初期にFTAを締結した国々への輸出額はFTA締結前から比較的大きく，経過年数の大きいFTAダミーにはそれらの初期に締結されたFTAのみの効果が残っているため，相手国固定効果を含まない推定ではFTAダミーの係数が経過年数とともに上昇したと考えられる．年次の輸出額データからはFTAに動学的な効果があるとはいえない．

　次に輸入総額の年次データを用いて同様の分析を行った結果が，表46はすべてのFTAに同一の効果を仮定した場合の結果であり，輸出のケースと同様に，相手国固定効果の有無によってFTAダミーの係数が大きく低下している．輸入面からみても，GDPや距離などをコントロールしたうえで貿

第7章　分析結果

表47　各FTAの年次輸入額への効果に関する推定結果

	(1) OLS	(2) OLS	(3) OLS	(4) PPML	(5) PPML	(6) PPML
FTA相手国						
シンガポール	2.204***	2.250***	0.0651	0.841***	0.728**	-0.407***
メキシコ	-1.588***	-1.449***	0.328***	-1.173***	-1.290***	0.141**
マレーシア	1.377***	1.619***	0.125	1.165***	1.035***	-0.0515
チリ	1.069***	1.411***	0.158*	0.933***	0.852***	0.109**
タイ	1.038***	1.362***	0.151	0.895***	0.821***	-0.0248
インドネシア	0.392	0.755**	-0.190*	1.019***	1.150***	-0.201**
ブルネイ	2.470***	3.045***	0.654***	0.654	0.426	0.370***
ベトナム	1.980***	2.415***	0.211**	1.048***	1.063***	0.175***
ラオス	0.881***	1.289***	0.980***	-1.441***	-1.371***	1.108***
フィリピン	0.495	0.850***	-0.167*	0.388	0.530**	-0.369***
スイス	1.550***	1.705***	0.0992	1.042***	1.166***	0.128**
カンボジア	1.715***	2.138***	0.391***	-0.464*	-0.507**	0.413***
観測数	1,888	1,888	1,888	1,908	1,908	1,908
調整済み決定係数	0.783	0.786	0.941			
固定効果	なし	年	年+相手国	なし	年	年+相手国

*** p<0.01, ** p<0.05, * p<0.1

出所：本文記載のデータより筆者作成

易額の大きい国とFTAを締結しているのであり，FTAが日本の輸入を増加させる効果は小さかったといえる．ただし，輸入額の場合，OLSで推定した（3）のFTAダミーの係数は正で統計的に有意である．

表47はFTAの輸入額への効果を相手国ごとにわけた推定の結果である．表47（6）によると，FTA締結国12ヵ国のうち，FTAダミーが正で有意となっているのは7ヵ国であり，負で有意なのは3ヵ国である．輸出のケースと同様に，FTAの輸入額への影響も相手国ごとに大きく異なるといえる．輸入額の増加がみられる相手国は，輸出額の増加がみられる相手国とほとんど共通しており，やはりASEAN主要国からの輸入額はFTAによって増加しているといえない．逆にASEAN内の低所得国や中南米の国々とのFTAは日本の輸入額を増加させたと考えられる．日本のFTAで残された保護構造を考えると，意外な結果といえるのではないだろうか．

表48と表49は，輸入額に対するFTAの動学的効果の推定結果である．輸出の場合とは異なり，輸入額は相手国固定効果がない推定でも，表48のFTA発効からの年数の係数が統計的に有意となっていない．表49の経過年

表 48　FTA の年次輸入額への動学的効果に関する推定結果

	(1) OLS	(2) OLS	(3) OLS	(4) PPML	(5) PPML	(6) PPML
GDP	1.406***	1.408***	0.426	0.834***	0.832***	0.705***
	(20.00)	(19.91)	(0.891)	(18.15)	(19.88)	(3.528)
一人当たりGDP	0.535***	0.476***	1.303***	0.549***	0.650***	0.0106
	(3.732)	(3.102)	(2.688)	(3.181)	(3.396)	(0.0336)
遠隔度指数	2.194***	2.087***	1.558**	1.135***	1.191***	-0.343
	(8.227)	(7.699)	(2.020)	(8.104)	(7.515)	(-0.571)
物価指数	1.211***	1.421***	0.812***	0.0625	-0.220	0.389**
	(5.252)	(5.021)	(4.506)	(0.242)	(-0.609)	(2.154)
日本からの距離	-1.505***	-1.514***		-0.986***	-0.957***	
	(-6.253)	(-6.214)		(-7.019)	(-6.933)	
FTAダミー	1.106***	1.367***	0.214***	0.778***	0.723***	-0.0434
	(3.811)	(4.082)	(3.215)	(4.110)	(3.536)	(-0.605)
FTA発効からの年数	-0.0412	-0.0421	0.0109	-0.0846	-0.0955	-0.0141
	(-0.279)	(-0.294)	(0.610)	(-1.256)	(-1.332)	(-0.439)
定数項	30.75***	30.20***	32.55***	19.35***	19.01***	
	(7.970)	(7.882)	(3.444)	(9.824)	(9.107)	
観測数	1,888	1,888	1,888	1,908	1,908	1,908
調整済み決定係数	0.781	0.784	0.941			
固定効果	なし	年	年+相手国	なし	年	年+相手国

カッコ内はt値を示す
*** p<0.01, ** p<0.05, * p<0.1

出所：本文記載のデータより筆者作成

表 49　FTA の年次輸入額への動学的効果に関する推定結果

	(1) OLS	(2) OLS	(3) OLS	(4) PPML	(5) PPML	(6) PPML
FTA発効						
1年前	0.988***	1.093***	0.111*	0.667***	0.520**	0.00115
発効年	1.162***	1.418***	0.222***	0.729***	0.680***	-0.0628
1年後	1.133***	1.419***	0.223**	0.715***	0.660***	-0.0782
2年後	1.095***	1.391***	0.290**	0.714***	0.632**	-0.0720
3年後	0.912	1.110*	0.254***	0.675**	0.503	-0.00464
4年後	0.721	0.941	0.314**	0.571	0.533	-0.00345
5年後以降	0.815	1.092	0.301**	-0.0146	-0.102	-0.251
観測数	1,888	1,888	1,888	1,908	1,908	1,908
調整済み決定係数	0.781	0.784	0.941			
固定効果	なし	年	年+相手国	なし	年	年+相手国

*** p<0.01, ** p<0.05, * p<0.1

出所：本文記載のデータより筆者作成

第7章　分析結果

数別の推定でも同様であり，OLSで推定した（3）であれば各年数の係数は
正で有意となっているが，係数が上昇しているわけではない．これは表47
の相手国固定効果がない推定において，シンガポールやマレーシアの係数が
大きいわけではなく，メキシコの係数がマイナスで有意となっている点と整
合的である．初期のFTA相手国は，GDPや距離をコントロールしたうえで
日本からの輸出額が大きかったが，日本の輸入額が大きかったわけではない
と考えられる．

　本節の分析から次の3点が明らかになった．まず，相手国固定効果の有無
によって推定の結果は大きく変わり，特にFTAダミーの係数は大きく低下
する場合が多いといえる．日本はGDPや相手国との距離をコントロールし
たうえで貿易額の大きい国とFTAを締結しているのであり，FTAの発効に
よる貿易額の増加は限定的である．ただし，FTAの影響は相手国によって大
きく異なり，ASEAN内の低所得国や中南米の国々とのFTAには一定の効果
が認められた．また，FTAが時間をかけて貿易額を増加させる効果は，輸出
入ともにみられなかった．

7.3　月次貿易額

　本節では月次貿易額のデータによる分析の結果を示す．まず相手国別に個
別のFTAの効果を推定した結果を輸出入それぞれについて示し，その後に
動学的な効果を扱う．

　月次輸出額の基本的な分析として，(7)式の推定結果を表50に示した．(1)
と(2)が2000年から2011年までの159ヵ国を対象とする推定であり，GDP
などのマクロ変数によるコントロールを行っている．(3)と(4)では2000
年から2014年までの229ヵ国が対象であり，ミャンマー，インド，ペルーと
のFTAの効果も推定されている．(1)，(2)の結果は年次データとほぼ整合
的であり，シンガポール，マレーシア，タイ，インドネシア，フィリピンは
統計的に非有意またはマイナスで有意であり，メキシコ，チリ，ラオス，ス
イス，カンボジアはプラスで有意となっている．年次データの結果が異なる
のはベトナムとブルネイであり，前者は正から非有意に変わり，後者は非有
意から正に変化している．また，インドの係数は有意となっていない．年次

143

表50　各FTAの月次輸出額への効果に関する推定結果

	(1) OLS	(2) OLS	(3) OLS	(4) OLS
FTA相手国				
シンガポール	-0.568***	-0.568***	-0.318***	-0.321***
メキシコ	0.593***	0.589***	0.268***	0.262***
マレーシア	-0.370***	-0.370***	-0.203***	-0.204***
チリ	0.484***	0.489***	0.614***	0.614***
タイ	-0.120	-0.119	0.244***	0.242***
インドネシア	-0.295***	-0.297***	0.348***	0.348***
ブルネイ	0.146**	0.150**	0.0856	0.0869
ベトナム	0.127	0.126	0.817***	0.813***
ラオス	0.516***	0.519***	1.428***	1.425***
ミャンマー			1.214***	1.208***
フィリピン	-0.322***	-0.319***	-0.163***	-0.164***
スイス	0.429***	0.445***	0.181***	0.185***
カンボジア	0.141*	0.141*	0.676***	0.672***
インド	0.124	0.144	0.552***	0.554***
ペルー			0.529***	0.526***
観測数	22,609	22,609	38,210	38,210
対象年	2000-2011	2000-2011	2000-2014	2000-2014
固定効果	年月＋国	年月＋国×月	年月＋国	年月＋国×月

*** p<0.01, ** p<0.05, * p<0.1

出所：本文記載のデータより筆者作成

データの推定において，年度中のFTA発効によるFTAダミーと実際の発効
状況との違いは，大きなバイアスにはなっていないと考えられる．

　表50の(3)と(4)のように，対象を拡大してマクロ変数を落とした推定
でも，傾向は大きく変わらない．しかし，いくつかの国でFTAの係数が大
きくなっている．特に，タイ，インドネシア，インドは，FTAの係数が正で
有意へと変わっている．これらの国々への輸出には経済成長によるGDPの
増大が影響を及ぼしていると考えられる．相手国の経済成長による日本から
の輸出額の増加はFTAの効果とはいえないため，マクロ変数を落とした推
定には限界があるといわざるを得ない．したがって，ミャンマーやペルーと
のFTAの係数は正で統計的に有意となっているが，これらの国々とのFTA
の貿易創出効果は示唆的な結果にとどまり，正確な判断にはより詳細な分析
が求められる．

　表51は月次輸入額で同様の分析を行った結果である．(1)，(2)の推定結

第7章　分析結果

表51　各FTAの月次輸入額への効果に関する推定結果

	(1) OLS	(2) OLS	(3) OLS	(4) OLS
FTA相手国				
シンガポール	-0.0334	-0.0457	-0.175***	-0.179***
メキシコ	0.222***	0.221***	0.178***	0.176***
マレーシア	0.118*	0.114	0.192***	0.192***
チリ	0.247***	0.249***	0.396***	0.405***
タイ	0.154*	0.146	0.146**	0.146**
インドネシア	-0.0167	-0.0228	0.0781	0.0813
ブルネイ	0.568***	0.566***	0.485***	0.491***
ベトナム	0.328***	0.319***	0.737***	0.737***
ラオス	1.123***	1.123***	1.725***	1.732***
ミャンマー			0.873***	0.875***
フィリピン	-0.172**	-0.178**	-0.184***	-0.183***
スイス	0.149**	0.133*	0.178***	0.174***
カンボジア	0.488***	0.491***	1.127***	1.133***
インド	0.121	0.175	0.342***	0.354***
ペルー			0.462***	0.471***
観測数	20,585	20,585	33,456	33,456
対象年	2000-2011	2000-2011	2000-2014	2000-2014
固定効果	年月＋国	年月＋国×月	年月＋国	年月＋国×月

*** p<0.01, ** p<0.05, * p<0.1

出所：本文記載のデータより筆者作成

果によると，FTAの係数が負で統計的に有意であるのはフィリピンのみであり，他のASEAN主要国でみられたマイナスの係数は，この推定からは消えている．そのため，輸入に関しては，年次データの分析における実際のFTA発効日からのずれがバイアスとなっている可能性がある．ただし，フィリピン以外のASEAN主要国についても係数は非有意である場合が多く，この意味でFTAの効果が限定的であることに変わりはない．(3)と(4)の推定で係数が若干大きくなる傾向は輸出の分析と同様であり，ミャンマーやインド，ペルーとのFTAの係数にみられるプラスの係数の解釈には注意する必要がある．

　また，月次貿易額を用いてFTAの動学的効果を明らかにするため，(8)式のようにFTA発効12ヵ月前から60ヵ月以降のダミーを取った推定を行った．結果は図21から図24に示す通りである．それぞれの図にはFTA発効からの月数（$\Delta FTA_{i,ym-s}$）の係数（β_i^s）をそれぞれ示した．FTA発効の13ヵ月以前が

基準となっている点にも注意されたい.

　図21と図22は輸出額の結果である. 図21の推定では, 年×月と国×月の固定効果を取っており, 図22ではさらに国×年の固定効果を加えて推定を行った. どちらの図でもFTAの係数は発効後に増加していることがわかる. 特に国×月の固定効果を考慮した図22において, 係数は大きく上昇している. 年次輸出額の推定では係数の上昇がみられなかったことと合わせて考えると, FTAの動学的効果は脆弱であり, 年レベルで生じた相手国特殊ショックに覆い隠されてしまいやすいと解釈できる. また, FTA発効前から輸出額の増加がみられる点や, 発効の直前にはFTAの効果に一時的な減少がみられる点も非常に興味深い.

　図23と図24は月次輸入額の結果であり, やはり図24では国×年の固定効果を考慮している. 図23では輸出のケースと同様, FTA発効からの経過に伴ってFTAの係数の上昇がみられるが, 図24の国×年の固定効果を含む推定ではFTAの係数が上がっていない. 年次データの推定でみられた輸入額の増加はGDPや物価水準といったマクロ変数によるコントロールでは捉えきることのできないマクロ的要因によって生じている可能性があり, マッチングなどの手法を用いて丁寧に検証すべき課題であるといえる.

　月次貿易額の水準を用いた推定だけでなく, 階差を取った推定でもFTAの動学的な影響を分析した. 分析結果は表52と表53, 図25と図26に示している. 表52と図25が輸出額, 表53と図26が輸入額の推定結果である.

　表52の (1) から (4) は, FTAダミーを説明変数とする推定の結果である. (1) と (2) は2000年から2014年の229ヵ国を対象とし, (3) と (4) では2000年から2011年の159ヵ国を対象としている. ただし, 被説明変数として貿易額の階差を取っているため, すべての推定でマクロ変数は用いていない. また, (1) と (3) は年×月と相手国の固定効果を取っており, (2) と (4) は年×月と国×月の固定効果を取っている. いずれの場合でも相手国のトレンドが考慮されている点には注意されたい. (1) から (4) のFTAダミーの係数はすべて正で統計的に有意であり, FTA発効後に日本からの輸出額の変化率は上昇したといえる.

　(5) から (8) の推定では, FTAダミーを発効月とそれ以降にわけて推定を

146

第7章　分析結果

図21　月次輸出額の推定におけるFTAダミーの係数（国×年固定効果を含まない）

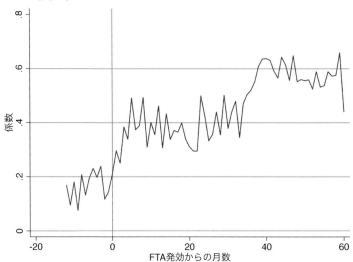

出所：本文記載のデータより筆者作成

図22　月次輸出額の推定におけるFTAダミーの係数（国×年固定効果を含む）

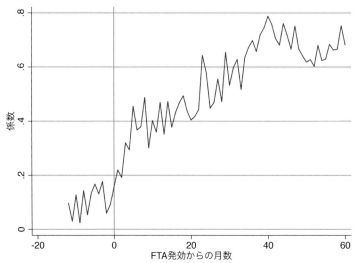

出所：本文記載のデータより筆者作成

図23　月次輸入額の推定におけるFTAダミーの係数（国×年固定効果を含まない）

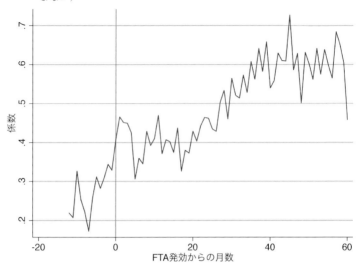

出所：本文記載のデータより筆者作成

図24　月次輸入額の推定におけるFTAダミーの係数（国×年固定効果を含む）

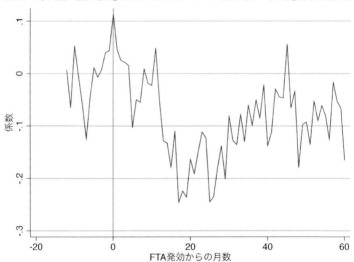

出所：本文記載のデータより筆者作成

行った結果である．表から発効月を除いたFTAダミーのみが正で統計的に有意であり，FTAの発効は即座に輸出額を増加させたのではなく，FTAの効果が現れるには時間がかかることが示唆されている．これは月次貿易額の水準を用いた推定の結果とも整合的である．

FTAダミーをさらに分解し，発効からの経過月数ごとのダミーとした推定の結果を図25に示した．図25の縦軸には，FTAダミーの係数を発効12ヵ月前から累積して示している．図25は図22とほとんど変わらず，FTAの係数は発効後3年間程度上昇している．FTA発効前から係数が増加しており，発効直前に一時的な減少がみられる点も図22と共通である．

輸入額の階差を用いてFTAの動学的効果を分析した結果は，表53と図26に示している．表53の (1) から (4) はFTAダミーを説明変数とする推定であり，どれも統計的に有意となっていない．FTAは輸入額の変化率を上昇させたということはできない．その一方でFTAダミーを発効月とそれ以降にわけた場合，(6) と (7) の推定でFTA発効月ダミーは統計的に有意に正となっており，FTAが発効月に日本の輸入額を増加させたことが示唆されている．この結果は発効からの経過月数ごとのFTAダミーを用いた図26でも確認され，FTAの係数は発効後に一時的に正となっているが，以降はむしろ減少している．

本節では月次貿易額のデータを用いてFTAの影響を分析した．主要な結果は次の2点にまとめられる．まずあげられるのは，相手国別にFTAの効果をわけた場合，月次輸出額を用いた推定では年次輸出額と大きな差異はなかったが，月次輸入額を用いた推定では年次輸入額の結果とある程度異なっており，FTA発効日がバイアスとなっている可能性がある．また，FTAの動学的な効果の推定により，FTAが輸出額に与える影響は発効時点からある程度の期間増加することが明らかとなった．対照的に輸入額への影響は発効時点で生じ，以降はむしろ減少している可能性がある．

図25　月次輸出額の階差推定におけるFTAダミーの係数

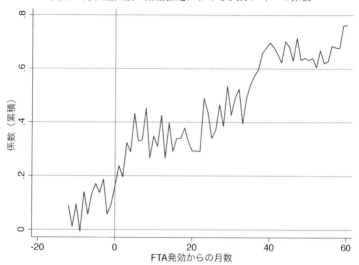

出所：本文記載のデータより筆者作成

図26　月次輸入額の階差推定におけるFTAダミーの係数

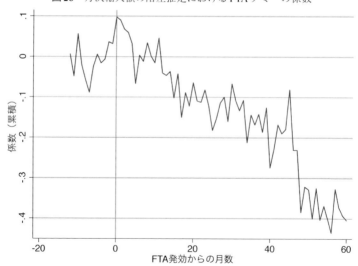

出所：本文記載のデータより筆者作成

第7章 分析結果

表52 FTA の月次輸出額への動学的効果に関する推定結果

	(1) FD	(2) FD	(3) FD	(4) FD	(5) FD	(6) FD	(7) FD	(8) FD
FTAダミー	0.00798* (1.915)	0.00832* (1.951)	0.0115*** (2.985)	0.0122*** (3.067)				
FTA発効月ダミー					0.0766 (0.996)	0.0641 (0.985)	0.0857 (0.940)	0.0719 (0.901)
FTAダミー（発効月を除く）					0.00697* (1.684)	0.00756* (1.726)	0.00958** (2.374)	0.0108** (2.494)
観測数	37,268	37,268	22,278	22,278	37,268	37,268	22,278	22,278
対象年	2000-2014	2000-2014	2000-2011	2000-2011	2000-2014	2000-2014	2000-2011	2000-2011
固定効果	年月+国	年月+国×月	年月+国	年月+国×月	年月+国	年月+国×月	年月+国	年月+国×月

カッコ内はt値を示す
*** p<0.01, ** p<0.05, * p<0.1

出所：本文記載のデータより筆者作成

表53 FTA の月次輸入額への動学的効果に関する推定結果

	(1) FD	(2) FD	(3) FD	(4) FD	(5) FD	(6) FD	(7) FD	(8) FD
FTAダミー	-0.00513 (-0.865)	-0.00792 (-1.443)	-0.00188 (-0.235)	-0.00807 (-0.978)				
FTA発効月ダミー					0.0598 (1.465)	0.0834* (1.780)	0.0666* (1.727)	0.0592 (1.417)
FTAダミー（発効月を除く）					-0.00609 (-1.021)	-0.00917* (-1.646)	-0.00368 (-0.454)	-0.00970 (-1.150)
観測数	31,181	31,181	19,649	19,649	31,181	31,181	19,649	19,649
対象年	2000-2014	2000-2014	2000-2011	2000-2011	2000-2014	2000-2014	2000-2011	2000-2011
固定効果	年月+国	年月+国×月	年月+国	年月+国×月	年月+国	年月+国×月	年月+国	年月+国×月

カッコ内はt値を示す
*** p<0.01, ** p<0.05, * p<0.1

出所：本文記載のデータより筆者作成

7.4 部門別貿易額

本節では部門別貿易額のデータを用いてFTA の効果を分析した．部門別貿易額の利点として，貿易部門構成と部門特殊ショックの考慮，FTA の影響の部門ごとの異質性の分析の2点があげられる．第3章で示した貿易部門の変化による影響がFTA の効果として推定されている可能性があり，第2章で示したように関税削減率は部門ごとに大きく異なるため，FTA の効果も部門ごとに分析するのが望ましい．そのため，表54には，部門×国と部門×年の固定効果を取った推定の結果を示し，表55と表56には，部門ごとに行った推定の結果を示している．なお，表55と表56は特定の部門の結果のみで

151

表54 FTAの部門別貿易額への効果に関する推定結果（全部門）

	(1) 輸出額 OLS	(2) 輸出額 PPML	(3) 輸入額 OLS	(4) 輸入額 PPML
FTA相手国				
シンガポール	-0.281**	-0.496***	-0.252*	-0.300*
メキシコ	0.585***	0.528***	0.452***	0.206
マレーシア	-0.261**	-0.205**	0.130	-0.0699
チリ	0.452	0.420**	0.190	-0.00467
タイ	-0.0345	0.0707*	0.124	0.0533
インドネシア	-0.384***	0.0152	0.0874	-0.315***
ブルネイ	0.567***	-0.0555	-1.330***	0.202**
ベトナム	0.272**	0.193***	0.666***	0.246
ラオス	0.468**	0.581**	1.695***	1.315**
フィリピン	-0.107	-0.121*	0.0876	-0.275*
スイス	0.366**	0.134	0.0454	0.0311
カンボジア	0.328	0.132	0.476	0.724
観測数	28,507	35,544	25,103	34,812
固定効果	年×部門+国×部門	年×部門+国×部門	年×部門+国×部門	年×部門+国×部門

*** p<0.01, ** p<0.05, * p<0.1

出所：本文記載のデータより筆者作成

あり，その他の部門については，章末の附表15から附表18に示した.

　表54は貿易部門の構成と部門ごとのショックを考慮した(11)式の推定結果である．(1)と(2)は輸出額，(3)と(4)は輸入額の推定であり，それぞれOLSとPPMLの結果を示している[48]．表43と表47における貿易総額の結果と比較すると，各FTAの係数には一定の変化が認められる．たとえば，表54の(2)を表43の(6)と比べると，タイの係数が正で統計的に有意となり，スイスとカンボジアは非有意となっている．また，表54の(4)を表47の(6)と比べると，メキシコ，ベトナム，スイス，カンボジアの係数が正から非有意へと変化している．全体として，貿易総額では有意であった変数が部門別では非有意となることが多いため，貿易額が大きい部門によってFTAの効果が決定されており，部門ごとの平均的な効果とは異なっていると考えられる．特に，スイスやカンボジアではFTAの貿易創出効果がみられなくなっている.

　表55は輸出額について部門別に推定した結果である．表55には日本の主な輸出部門のみを記載しており，その他の部門については附表15と附表16を参照されたい．具体的には，化学製品，プラスチック・ゴム製品，金属製

---

[48] 部門別の輸出額にはゼロが多く，PPMLの方がより信頼できると考えられる．ただし，すべての年で輸出が行われていない国・部門については，PPMLであっても対象に含めることができない.

第7章　分析結果

表55　FTAの部門別輸出額への効果に関する推定結果（部門別）

	(1) 化学製品	(2) プラスチック・ゴム製品	(3) 金属製品	(4) 一般機械	(5) 電気機械	(6) 輸送機器	(7) 精密機械
FTA相手国							
シンガポール	-0.386***	-0.760***	-0.515***	-0.553***	-0.514***	-0.0947	-0.453***
メキシコ	-0.107**	-0.0420	0.261***	0.184***	0.585***	0.906***	0.922***
マレーシア	-0.265***	-0.290***	-0.192***	-0.250***	-0.162***	-0.120**	0.254***
チリ	0.441***	0.223***	0.502***	0.428***	-0.104***	0.149***	0.276***
タイ	-0.00389	-0.0928	0.0836*	0.0467	0.0949	0.167***	0.331***
インドネシア	-0.157***	-0.0584	0.123**	0.0698	-0.0647	0.0532	-0.00458
ブルネイ	1.682***	-0.0258	0.497***	0.523***	0.942***	-0.315***	0.224***
ベトナム	0.218***	0.312***	0.279***	0.137***	0.351***	-0.361***	0.235***
ラオス	0.0641*	0.204***	0.681***	1.150***	1.791***	-0.0302	-0.672***
フィリピン	0.148**	-0.280***	0.0485	-0.371***	-0.0109	0.138**	0.0433
スイス	0.260***	0.0307	-0.237***	0.0194	-0.0903**	-0.200***	-0.485***
カンボジア	0.200***	0.0392	0.170***	0.250***	-0.380***	-0.188***	0.0778
観測数	1,908	1,908	1,896	1,908	1,908	1,908	1,908
相手国数	159	159	158	159	159	159	159
固定効果	年＋国	年＋国	年＋国	年＋国	年＋国	年＋国	年＋国

*** $p<0.01$, ** $p<0.05$, * $p<0.1$

出所：本文記載のデータより筆者作成

品，一般機械，電気機械，輸送機器，精密機器であり，表19で示した日本
の輸出額上位7部門となっている．また，推定はすべてPPMLの結果である．
　表55をみると，メキシコ，チリ，ブルネイ，ベトナム，ラオスは，多く
の部門について，FTAダミーの係数が正で統計的に有意となっている．また，
タイについては，金属製品，輸送機器，精密機器に貿易創出効果がみられる．
これらの国々とのFTAは，日本の輸出部門の輸出拡大につながったのでは
ないかと考えられる．その一方で，シンガポールやマレーシア，インドネシ
ア，フィリピンは，FTAダミーが有意でないかマイナスで有意となっている
部門が多い．日本の主な輸出部門は，ほとんどのASEAN主要国に対する輸
出額を増加させていないといえる．さらに，日本の主な輸出部門における輸
出額の増加は，スイスやカンボジアに対しても，ほとんどみられない．第3
章での分析によると，スイス，カンボジアへの輸出額増加は，それぞれ貴石・
貴金属部門，繊維製品部門によって牽引されている[49]．この2ヵ国は輸出総額

---

[49] 実際に附表15と附表16によると，これらの国・部門のFTAダミーの係数は大きく，
有意に正となっている．

表56　FTAの部門別輸入額への効果に関する推定結果（部門別）

	(1) 動物性生産品	(2) 植物性生産品	(3) 油脂・ろう	(4) 飲食料品	(5) 皮革・毛皮製品	(6) 木材製品	(7) 繊維製品	(8) 履物・帽子など
FTA相手国								
シンガポール	-1.150***	-0.802***	-1.384***	0.542	0.00418	-0.789***	-0.742***	-1.484***
メキシコ	0.494***	-0.0660**	1.072***	0.261	0.497***	-0.113	0.0399	1.207***
マレーシア	-0.0521	0.483***	0.429***	0.973***	-0.187	-0.0521	0.261**	-0.620***
チリ	0.280***	-0.205***	0.376***	-0.0501	0.418***	0.579***	-0.388***	0.390***
タイ	-0.175**	0.426***	-0.293**	0.320***	0.186	0.214*	0.319***	-0.319*
インドネシア	-0.277***	0.358***	1.295***	-0.195	0.000104	-0.508***	0.244***	-0.180**
ブルネイ	-9.865***	-0.165**		-4.717***	1.717***	1.398***	-3.970***	
ベトナム	0.0246	0.482***	0.198**	0.214	0.489***	0.675***	0.571***	0.273**
ラオス	12.77***	3.778***		1.304***	1.605***	-0.167*	1.667***	1.691***
フィリピン	-0.174**	0.280***	-0.0384	0.392**	0.861***	0.713***	-0.102	-0.104
スイス	0.159***	0.755***	-0.749***	1.715***	0.398***	0.252***	-0.0558	-0.0792
カンボジア	0.805***	0.899***	10.61***	0.806***	-0.918***	-3.044***	2.038***	-0.194
観測数	1,284	1,644	864	1,572	1,464	1,572	1,848	1,536
相手国数	149	139	99	135	135	137	151	114
固定効果	年+国	年+国	年+国	年+国	年+国	年+国	年+国	年+国

*** p<0.01, ** p<0.05, * p<0.1

出所：本文記載のデータより筆者作成

の分析ではFTAに効果があると判断されたが，その構造は他の貿易創出効果がみられた国々とは若干異なるといえる．

　輸出と同様に，輸入でも部門別の貿易額を用いて (11) 式の推定をPPMLで行った[50]．全部門の結果は附表17と附表18にまとめており，日本の関税率が高い部門の結果のみを表56に示した．具体的には，動物性生産品，植物性生産品，油脂・ろう，飲食料品，皮革・毛皮製品，木材製品，繊維製品，履物・帽子などの8部門である．第2章で高関税率として扱った6部門に，木材製品と繊維製品を加えている．

　表56では，シンガポールとブルネイを除くほとんどの国において，多くの部門のFTAダミーの係数が正で統計的に有意となっている．特に重要なのは，マレーシアやタイ，フィリピンであり，植物性生産品や飲食料品の輸入額増加にFTAが役割を果たしていると解釈できる．第2章において，日本は農産品への強い保護をFTA下でもおおむね残しているが，これらの国々とのFTAでは関税率を比較的大きく引き下げていることを明らかにしてい

---

[50] すべての年で輸入額がゼロとなった相手国の数が多い部門は，油脂・ろう，履物・帽子，武器である．これらの部門の推定結果は慎重に解釈するべきである．

第7章　分析結果

た．保護された部門における相対的に大きな関税削減が，輸入額の増加に一定の影響を持つという結果には，政策的含意が大きいのではないだろうか．また，輸入総額の分析では貿易創出効果がみられなかったが，部門別輸入額では効果がみられることから，やはりFTAの効果を分析するうえでは詳細な貿易データが求められることが示唆されている．

　部門別貿易額の分析結果を整理すると以下のようになる．第一に重要な点として，部門別貿易額の推定ではFTAダミーの係数が正になっていない相手国があり，貿易部門構成と部門特殊ショックがFTAの影響として現れている可能性があげられる．また，部門別輸出額の分析では，多くのFTA相手国に対して，機械類など日本の主な輸出部門の輸出額が増加しているが，スイスやカンボジアについては他の部門からの輸出額増加が大きく影響している．最後に，関税率が高い部門であっても，FTAによって相対的に関税を大きく引き下げていれば，輸入額が増加しているといえる．

7.5　貿易品目数

　本節では応用的な分析として，FTAが貿易品目数に与える影響の推定結果を示す．品目数はHS6桁レベルで数えており，品目コードは対象期間中に変化しないよう修正している．品目コードの改定を考慮せず，HS9桁レベルでそのまま品目数をカウントした結果は附表19と附表20に示しているが，結果はほとんど変わっていない．

　表57は輸出品目数に関する推定の結果である．表57の(1)から(4)はOLS推定の結果であり，(5)から(7)は輸出品目の割合を(12)式に基づいて推定した結果である．表57の(1)から(3)の被説明変数は品目数の対数値であり，(3)では相手国固定効果が取られている．輸出額の分析と同様に，相手国の固定効果を考慮することによってFTAダミーの係数は大きく低下する．また，(3)でFTAダミーが統計的に有意に正となっているのはメキシコ，ブルネイ，カンボジアのみである．FTAによって貿易の外延はほとんど拡大していない．(4)は比較のため，一品目当たりの輸出額の対数値を被説明変数として推定した結果である．チリ，ベトナム，ラオス，スイスは，一品目当たりの輸出額のみが正で有意であり，FTAによって内延が拡大したこ

155

表57　FTAの輸出品目数への効果に関する推定結果

	(1) OLS	(2) OLS	(3) OLS	(4) OLS	(5) FLEX	(6) FLEX	(7) FLEX
FTA相手国							
シンガポール	1.227***	1.266***	-0.0855*	-0.419***	1.688***	1.779***	-0.303*
メキシコ	-0.384***	-0.260***	0.0800***	0.515***	-0.476***	-0.276***	0.0612***
マレーシア	0.451***	0.633***	-0.115***	-0.200***	0.590***	0.863***	-0.189**
チリ	-0.0337	0.195	-0.0704***	0.625***	0.149	0.495***	-0.00948
タイ	0.533***	0.740***	-0.118***	0.0531	0.986***	1.278***	0.0375
インドネシア	0.00696	0.192	-0.278***	0.0508	0.0764	0.318**	-0.401***
ブルネイ	-0.736***	-0.376***	0.186***	-0.0792	-1.281***	-0.728***	0.296***
ベトナム	0.990***	1.233***	-0.0855***	0.274***	0.941***	1.277***	0.451**
ラオス	0.0513	0.272**	-0.00266	0.539***	-0.705***	-0.392***	0.0593*
フィリピン	0.291*	0.465***	-0.118***	-0.192***	-0.0564	0.168	-0.269**
スイス	0.256**	0.314***	0.00369	0.451***	0.199	0.332***	0.0128
カンボジア	0.616***	0.896***	0.250***	-0.0352	-0.0868	0.304**	0.404***
ω					1.362***	1.319***	3.953**
観測数	1,908	1,908	1,908	1,908	1,908	1,908	1,908
調整済み決定係数	0.809	0.819	0.979	0.921			
固定効果	なし	年	年＋国	年＋国	なし	年	年＋国

*** $p<0.01$, ** $p<0.05$, * $p<0.1$

出所：本文記載のデータより筆者作成

表58　FTAの輸入品目数への効果に関する推定結果

	(1) OLS	(2) OLS	(3) OLS	(4) OLS	(5) FLEX	(6) FLEX	(7) FLEX
FTA相手国							
シンガポール	0.852***	0.913***	-0.108	0.173	0.317**	0.627***	-0.159***
メキシコ	0.122	0.391**	0.106**	0.222**	-0.445***	-0.0853	0.157***
マレーシア	0.949***	1.385***	-0.0246	0.150*	0.509***	1.043***	-0.0347
チリ	0.186	0.709***	-0.0914**	0.249***	-0.232	0.396**	-0.0972***
タイ	1.056***	1.533***	-0.0175	0.168*	0.871***	1.420***	-0.00232
インドネシア	0.561***	0.980***	-0.129*	-0.0616	0.139	0.475***	-0.133***
ブルネイ	-2.157***	-1.364***	-0.613***	1.267***	-2.789***	-1.653***	-0.655***
ベトナム	1.358***	1.899***	0.164**	0.0473	0.922***	1.511***	0.166***
ラオス	0.554***	1.047***	0.235***	0.745***	0.0856	0.593***	0.200***
フィリピン	0.632***	1.028***	-0.0620	-0.105	-0.0407	0.265	-0.0684**
スイス	0.667***	0.798***	-0.0665	0.166*	0.329**	0.577***	-0.104***
カンボジア	0.782***	1.389***	0.623***	-0.232**	0.268	0.937***	0.540***
ω					1.561**	1.512***	0.553*
観測数	1,888	1,888	1,888	1,888	1,908	1,908	1,908
調整済み決定係数	0.756	0.779	0.978	0.873			
固定効果	なし	年	年＋国	年＋国	なし	年	年＋国

*** $p<0.01$, ** $p<0.05$, * $p<0.1$

出所：本文記載のデータより筆者作成

第7章　分析結果

とが示唆されている.

　また, 表57の (5) から (7) でも, FTAダミーの係数の傾向は大きく変わっていない. ただし, ベトナムとラオスの係数の符号が逆転している点には注意する必要がある. また, リンク関数のパラメータはすべて正で有意であり, (5) から (7) は対数線形化された (1) から (3) よりも望ましい推定となっている. ただし, (7) の推定は付随パラメータ問題によって一致性を失っている点に注意すべきである.

　輸入品目数の推定結果は表58であり, (3), (7) ともにメキシコ, ベトナム, ラオス, カンボジアの4ヵ国のFTAダミーが正で統計的に有意となっている. (4) の一品目当たりの輸入額の推定では, マレーシアやチリ, タイ, ブルネイ, スイスも正で有意となっており, やはりFTAの効果は貿易の内延に現れている. なお, (5) から (7) の推定におけるリンク関数のパラメータはすべて正で有意であり, 輸入品目の推定でも (12)式の推定の方が望ましいといえる.

　貿易品目数の推定では, FTAダミーが正となる相手国は少なく, 一品目当たりの貿易額のみで有意に正となっている国もある. 日本のFTAは貿易品目数の拡大には寄与せず, むしろ特定品目への集中を促したのではないだろうか.

7.6　貿易財価格

　(13)式による品目レベルの分析結果は表59と表60である. この推定では品目×国と品目×年の固定効果を取り, 相手国ごとの品目構成と品目ごとのショックに対応している. ただし, 推定はすべて対数値を被説明変数とするOLSであり, 品目レベルのセレクションや対数線形化によるバイアスは考慮していない.

　表59には輸出の推定結果を示している. (1) は輸出額の対数値を被説明変数とする推定結果である. 表59ではHS6桁レベルの品目の輸出額を利用しているが, 輸出総額や部門別輸出額を利用した推定に近い結果が得られている. すなわち, FTAが品目レベルで輸出額を増加させているのは, メキシコ, チリ, ベトナムであり, ASEANの主要国への輸出額増加には寄与していない.

157

表59 FTAの輸出財価格への効果に関する推定結果

	(1) 金額	(2) 数量	(3) 価格
FTA相手国			
シンガポール	-0.319***	-0.350***	0.0384***
メキシコ	0.209***	0.288***	-0.0916***
マレーシア	-0.139***	-0.141***	0.00857
チリ	0.142***	0.112**	0.0191
タイ	0.0691	0.0822*	-0.01000
インドネシア	-0.125***	-0.155***	0.0371**
ブルネイ	0.159	0.0223	0.156***
ベトナム	0.442***	0.544***	-0.0914***
ラオス	0.122	0.205**	-0.0359
フィリピン	-0.0964***	-0.0620**	-0.0288**
スイス	-0.0341	-0.0512	0.0305**
カンボジア	0.214	0.237*	-0.0538**
観測数	1,150,857	1,100,228	1,100,228
固定効果	品目×国+品目×年	品目×国+品目×年	品目×国+品目×年

*** p<0.01, ** p<0.05, * p<0.1

出所：本文記載のデータより筆者作成

　（2）は輸出数量の対数値を被説明変数とする推定の結果である．ほとんど
のFTA相手国に対して輸出額と輸出数量は同じ符号を取っており，輸出額
の変化の大半は輸出数量によって説明されることがわかる．また，タイ，ラ
オス，カンボジアは，輸出額のFTAダミーは統計的に有意でないが，輸出
数量では有意に正となっている．

　（3）は輸出価格の対数値の推定結果である．メキシコ，ベトナム，フィリ
ピン，カンボジアのFTAダミーの係数は統計的に有意に負となっており，
FTA発効後に輸出価格が低下したことが示唆されている．逆にシンガポー
ル，インドネシア，ブルネイ，スイスへの輸出価格は上昇しているといえる．

　ほとんどのFTA相手国に対して輸出価格は輸出数量と逆の動きを示して
おり，この結果は，Baldwin and Harrigan（2011）のモデルより，次のように
解釈される．FTAによって貿易コストが下がると，競争力のない企業も輸出
を行うようになり，輸出額が増加する．しかし，新たに参入した競争力の低
い企業は低品質の財を低い価格で販売しているため輸出価格は低く，競争力
の低い企業の参入は平均輸出価格を押し下げる．FTAによる貿易創出効果が
十分にみられないため輸出額が減少している国もあるが，輸出価格と符号が
逆になるメカニズムは変わらない．Baldwin and Harrigan（2011）はアメリカ

第7章　分析結果

表60　FTAの輸入財価格への効果に関する推定結果

	(1) 金額	(2) 数量	(3) 価格
FTA相手国			
シンガポール	-0.455***	-0.645***	0.189***
メキシコ	0.377***	0.433***	-0.0574*
マレーシア	-0.0645	-0.110*	0.0474**
チリ	-0.0328	-0.0256	-0.0254
タイ	0.0753*	0.106*	-0.0259
インドネシア	-0.126***	-0.0877*	-0.0332
ブルネイ	-0.727***	-0.311	-0.405
ベトナム	0.460***	0.505***	-0.0608*
ラオス	0.475***	0.405***	0.0755
フィリピン	-0.0425	-0.0701	0.0317
スイス	-0.106***	-0.170***	0.0631**
カンボジア	0.998***	1.193***	-0.141*
観測数	749,962	733,225	733,225
固定効果	品目×国+品目×年	品目×国+品目×年	品目×国+品目×年

*** p<0.01, ** p<0.05, * p<0.1

出所：本文記載のデータより筆者作成

の単年のデータを用いた推定を行っており，貿易コストの代理として距離を用いている．それに対して本研究はFTAダミーを利用したパネルデータ分析だが，結果はBaldwin and Harrigan（2011）と整合的であるといえる．ただし，この解釈はマークアップ率や限界費用を一定とするモデルの仮定に強く依拠しており，FTAの貿易コスト低下による消費者価格の低下と需要の増加が直接的には企業レベルの輸出価格に影響しない構造となっている．実際には，競争環境の変化や規模の経済を通して，企業レベルの輸出価格が需要の変化の影響を受けている可能性は排除できない．

　同様の分析を輸入で行った結果は表60に示した．（1）の被説明変数は輸入額の対数値であり，メキシコ，タイ，ベトナム，ラオス，カンボジアとのFTAの係数が正で統計的に有意，シンガポール，インドネシア，スイスが負で有意となっている．若干の違いはあるが，輸入総額や部門別輸入額の結果に近いといえる．（2）は輸入価格の対数値，（3）は輸入数量の対数値を被説明変数とする推定の結果である．FTAの輸入額への影響は輸入数量から説明可能であり，この点は輸出と共通している．輸入価格はメキシコとチリとのFTA発効後には低下しているが，シンガポール，マレーシア，スイスからの輸入財価格は上昇している．

159

輸入価格には関税が含まれないが，関税以外の貿易コストは含まれており，非関税障壁の削減によって貿易コストが低下すれば輸入価格も下がると考えられる．そのため，輸入価格は輸出価格よりも FTA 発効によって低下しやすいと考えられるが，表 60 の結果はこの予想に反している．ほとんどの国で輸入価格は輸入数量と逆の符号となっており，FTA 発効後の輸入価格上昇は，輸入額の増加が十分にみられないことから生じていると考えられる．輸入数量と輸入価格の符号が逆になるという結果は，日本の輸入品は品質で競争を行っており，さらに FTA で削減される非関税障壁が小さかったと解釈できる．日本の輸入を妨げているのは主として関税である可能性は十分にある．いずれにしても，より詳細な分析を継続的に行うのが望ましい．

附表15　FTA の部門別輸出額への効果に関する推定結果（部門別）1

	(1) 動物性生産品	(2) 植物性生産品	(3) 油脂・ろう	(4) 飲食料品	(5) 鉱物性生産品	(6) 化学製品	(7) プラスチック・ゴム製品	(8) 皮革・毛皮製品	(9) 木材製品	(10) パルプ・紙	(11) 繊維製品
FTA相手国											
シンガポール	-1.475***	-0.125	-0.975***	-0.486***	0.00529	-0.386***	-0.760***	-0.729*	-1.104***	-0.576***	-0.00297
メキシコ	0.711***	-1.740***	1.785***	0.732***	1.335**	-0.107**	-0.0420	-0.260	-1.460***	0.268**	0.128***
マレーシア	-0.0484	-0.149*	-0.301***	0.141**	-0.231**	-0.265**	-0.290**	-0.547***	-1.101***	-0.317***	0.281***
チリ	0.405***	0.355***	0.682***	-0.269***	2.291***	0.441***	0.223**	0.473***	-1.452***	-0.316***	-0.128***
タイ	0.267*	-0.109	0.200*	0.0759	-0.489***	-0.00389	-0.0928	0.276*	-0.500***	0.0131	0.391***
インドネシア	0.454***	-0.150	-0.153*	-0.314***	-0.354***	-0.157***	-0.0584	-0.0932	-0.539**	-0.663***	0.275***
ブルネイ	1.240***	-6.546***		0.664***	0.546***	1.682***	-0.0258	1.270***	-0.0225	-0.663***	0.308***
ベトナム	1.060***	0.697***	0.688***	0.569***	-0.679***	0.218***	0.312***	0.691***	-0.475***	0.363***	0.565***
ラオス	12.13***	-2.025***		-0.213*	6.435***	0.0641*	0.204***	0.0484	1.017***	0.159**	1.198***
フィリピン	0.671***	-0.0402	0.171	-0.0712	0.0674	0.148**	-0.280***	-0.505***	0.964***	0.0613	-0.0135
スイス	-0.349***	-0.307***	0.922***	0.194**	0.845***	0.260***	0.0307	0.767***	0.0716	-0.190**	0.502***
カンボジア	13.77***	-4.521***	-5.259***	-1.486***	2.871***	0.200***	0.0392	0.842***	-2.506***	0.856***	1.021***
観測数	1,284	1,644	864	1,572	1,680	1,908	1,908	1,464	1,572	1,884	1,848
固定効果	年+国	年+国	年+国	年+国	年+国	年+国	年+国	年+国	年+国	年+国	年+国
相手国数	107	137	72	131	140	159	159	122	131	157	154

*** p<0.01, ** p<0.05, * p<0.1

出所：本文記載のデータより筆者作成

附表16　FTA の部門別輸出額への効果に関する推定結果（部門別）2

	(12) 履物・帽子など	(13) 土石製品	(14) 貴石・貴金属	(15) 金属製品	(16) 一般機械	(17) 電気機械	(18) 輸送機器	(19) 精密機器	(20) 武器	(21) 雑品	(22) 美術品
FTA相手国											
シンガポール	-0.166	-0.791***	-0.0890	-0.515***	-0.553***	-0.514***	-0.0947	-0.453***	2.028***	-0.184	-1.356
メキシコ	0.934***	-0.0820	0.0480	0.261**	0.184***	0.585***	0.906***	0.922***	5.686***	0.781***	1.364***
マレーシア	-0.364***	0.124	-0.127	-0.192***	-0.250***	-0.162***	-0.120**	0.254***	0.138	-0.554***	-2.425***
チリ	1.995***	0.124*	-1.806***	0.502***	0.428***	-0.104***	0.149***	0.276***		-0.110**	-1.556***
タイ	-0.277***	-0.456***	0.732***	0.0836*	0.0467	0.0949	0.167***	0.331***	1.296***	0.0577	-0.675**
インドネシア	-0.196**	-0.532***	0.332*	0.123**	0.0698	-0.0647	0.0532	-0.00458	-10.71***	0.0539	-2.392***
ブルネイ	-6.304***	-0.302**	0.208**	0.497***	0.523***	0.942***	-0.315***	0.224***		0.703***	-8.675***
ベトナム	-0.228***	0.626***	-0.211	0.279***	0.137***	0.351***	-0.361***	0.235***	-9.922***	0.382***	0.0318
ラオス	2.526***	1.236***		0.681***	1.150***	1.791***	-0.0302	-0.672***	11.37***	0.567***	
フィリピン	0.0651	-0.758***	0.285**	0.0485	-0.371***	-0.0109	0.138**	0.0433	0.155	0.304**	-0.827**
スイス	0.380***	0.485***	0.449*	-0.237***	0.0194	-0.0903**	-0.200***	-0.485***	1.626***	0.0361	0.937***
カンボジア	-0.629***	-0.351***	0.646**	0.170***	0.250***	-0.380***	-0.188***	0.0778		0.0417	-8.813***
観測数	1,536	1,884	1,272	1,896	1,908	1,908	1,908	1,908	792	1,884	1,020
固定効果	年+国	年+国	年+国	年+国	年+国	年+国	年+国	年+国	年+国	年+国	年+国
相手国数	128	157	106	158	159	159	159	159	66	157	85

*** p<0.01, ** p<0.05, * p<0.1

出所：本文記載のデータより筆者作成

附表17　FTA の部門別輸入額への効果に関する推定結果（部門別）1

	(1) 動物性生産品	(2) 植物性生産品	(3) 油脂・ろう	(4) 飲食料品	(5) 鉱物性生産品	(6) 化学製品	(7) プラスチック・ゴム製品	(8) 皮革・毛皮製品	(9) 木材製品	(10) パルプ・紙	(11) 繊維製品
FTA相手国											
シンガポール	-1.150***	-0.802***	-1.384***	0.542	0.710***	-0.0209	-0.144	0.00418	-0.789***	-0.793***	-0.742***
メキシコ	0.494***	-0.0660**	1.072***	0.261		-0.785***	0.731***	0.497***	-0.113	-0.328***	0.0399
マレーシア	-0.0521	0.483***	0.429***	0.973***	0.226***	-0.181***	-0.174***	-0.187	-0.0521	0.522***	0.261**
チリ	0.280***	-0.205***	0.376***	-0.0501	-0.246**	-0.468***	0.388***	0.418***	0.214*	-0.388***	-0.388***
タイ	-0.175**	0.426***	-0.293**	0.320***	0.161*	0.0812	-0.0240	0.186	0.214*	-0.388***	0.319***
インドネシア	-0.277***	0.358***	1.295***	-0.195	-0.267	-0.489***	0.0990	0.000104	-0.508***	-0.0415	0.244***
ブルネイ	-9.865***	-0.165**		-4.717***	0.289***	13.80***	0.463***	1.717***	1.398***	-6.129***	-3.970***
ベトナム	0.0246	0.482***	0.198**	0.214	-0.252*	0.287***	0.443***	0.489***	0.675***	1.310***	0.571***
ラオス	12.77***	3.778***		1.304***	3.300***	4.131***		1.605***	-0.167*	-1.215***	1.667***
フィリピン	-0.174**	0.280***	-0.0384	0.392**	-0.656***	-0.235**	0.0526	0.861***	0.713***	0.0290	-0.102
スイス	0.159***	0.755***	-0.749***	1.715***	-1.087***	0.155***	0.0407	0.398***	0.252***	-0.353***	-0.0558
カンボジア	0.805***	0.899***	10.61***	0.806***	-5.575***	-1.227***	1.356***	-0.918***	-3.044***	1.352***	2.038***
観測数	1,284	1,644	864	1,572	1,680	1,908	1,908	1,464	1,572	1,884	1,848
相手国数	149	158	99	135	130	138	130	135	137	142	151
固定効果	年+国	年+国	年+国	年+国	年+国	年+国	年+国	年+国	年+国	年+国	年+国

*** p<0.01, ** p<0.05, * p<0.1

出所：本文記載のデータより筆者作成

附表 18　FTA の部門別輸入額への効果に関する推定結果（部門別）2

	(12) 履物・帽子など	(13) 土石製品	(14) 貴石・貴金属	(15) 金属製品	(16) 一般機械	(17) 電気機械	(18) 輸送機器	(19) 精密機械	(20) 武器	(21) 雑品	(22) 美術品
FTA相手国											
シンガポール	-1.484***	-0.762***	-0.280	-0.585***	-0.166	-0.494***	-1.208***	-0.118	9.217***	0.186	1.745***
メキシコ	1.207***	-0.147	0.645***	0.326***	0.0360	0.443***	-0.185***	1.261***	8.321***	1.499***	2.532***
マレーシア	-0.620***	0.0695	0.545*	-0.148*	-0.455***	-0.138***	0.124	-0.0839	9.549***	0.292*	-0.252
チリ	0.390***	0.698***	-2.938***	0.528***	-0.508***	1.206***	-1.216***	0.803***		-4.259***	1.041***
タイ	-0.319*	-0.339***	-0.297	0.145***	0.437***	-0.268***	0.389***	0.0517	3.866***	0.0812	0.409*
インドネシア	-0.180**	0.0338	-0.0473	-0.125**	0.140	-0.332***	0.367***	-0.251*		0.147	1.663***
ブルネイ		-0.477***	-6.587***	-3.760***	-4.155***	-2.350***		2.690***		-1.648***	-1.097***
ベトナム	0.273**	0.434***	0.854***	0.414***	0.502***	0.324***	0.712***	0.816***		0.484***	-0.0776
ラオス	1.691***	-5.375***	1.995***	3.531***	0.756***	0.0540	-4.981***	-0.365***		2.190***	-5.290***
フィリピン	-0.104	0.459***	0.543**	0.445***	-0.0969	-0.381***	0.0470	-0.0666		0.751***	-2.794***
スイス	-0.0792	0.0555	-0.661***	-0.0599	-0.0859	0.0522	-0.593***	-0.154**	0.596**	-0.546***	0.0193
カンボジア	-0.194	1.258***	0.659***	-0.516***	-2.362***	-1.453***	2.414***	0.336*		-1.188***	-2.474***
観測数	1,536	1,884	1,272	1,896	1,908	1,908	1,908	1,908	792	1,884	1,020
相手国数	114	126	139	145	152	151	132	146	40	143	128
固定効果	年+国	年+国	年+国	年+国	年+国	年+国	年+国	年+国	年+国	年+国	年+国

*** p<0.01, ** p<0.05, * p<0.1

出所：本文記載のデータより筆者作成

附表 19　FTA の輸出品目数への効果に関する推定結果

	(1) OLS	(2) OLS	(3) OLS	(4) OLS	(5) FLEX	(6) FLEX	(7) FLEX
FTA相手国							
シンガポール	1.250***	1.291***	-0.112**	-0.392***	1.743***	1.835***	-0.390**
メキシコ	-0.386***	-0.253**	0.0798***	0.515***	-0.450***	-0.254**	0.0816***
マレーシア	0.460***	0.656***	-0.140***	-0.175***	0.669***	0.927***	-0.166***
チリ	-0.0438	0.202	-0.0897***	0.644***	0.201*	0.533***	-0.0245
タイ	0.545***	0.768***	-0.142***	0.0773	1.120***	1.397***	0.200
インドネシア	0.00845	0.208	-0.296***	0.0689	0.132	0.362**	-0.334***
ブルネイ	-0.824***	-0.437**	0.184***	-0.0772	-1.340***	-0.803***	0.297***
ベトナム	1.057***	1.318***	-0.103***	0.292***	1.097***	1.418***	0.744*
ラオス	0.0397	0.277**	0.0173	0.519***	-0.756***	-0.455***	0.0705**
フィリピン	0.337*	0.525***	-0.126***	-0.184***	0.0283	0.241	-0.207***
スイス	0.208*	0.271***	-0.0192	0.474***	0.165	0.292**	-0.0144
カンボジア	0.630***	0.929***	0.248***	-0.0332	-0.108	0.269*	0.418***
ω					1.529***	1.487***	5.058**
観測数	1,908	1,908	1,908	1,908	1,908	1,908	1,908
調整済み決定係数	0.806	0.817	0.980	0.917			
固定効果	なし	年	年+国	年+国	なし	年	年+国

*** p<0.01, ** p<0.05, * p<0.1

出所：本文記載のデータより筆者作成

附表 20　FTA の輸入品目数への効果に関する推定結果

	(1) OLS	(2) OLS	(3) OLS	(4) OLS	(5) FLEX	(6) FLEX	(7) FLEX
FTA相手国							
シンガポール	0.917***	0.982***	-0.105	0.170	0.353**	0.682***	-0.154**
メキシコ	0.132	0.416**	0.120***	0.208**	-0.481***	-0.112	0.194***
マレーシア	0.991***	1.452***	-0.0308	0.156*	0.526***	1.062***	-0.0335
チリ	0.267	0.823***	-0.0544	0.212***	-0.148	0.479**	-0.0642**
タイ	1.149***	1.657***	-0.0168	0.167*	0.970***	1.517***	0.0188
インドネシア	0.620***	1.067***	-0.124	-0.0666	0.195	0.519***	-0.126***
ブルネイ	-2.397***	-1.554***	-0.874***	1.528***	-3.016***	-1.861***	-0.922***
ベトナム	1.457***	2.033***	0.177***	0.0341	0.997***	1.584***	0.168***
ラオス	0.611***	1.137***	0.158**	0.822***	0.135	0.631***	0.112**
フィリピン	0.638***	1.062***	-0.0691	-0.0976	-0.0633	0.230	-0.0732**
スイス	0.678***	0.821***	-0.0848*	0.184**	0.331**	0.577***	-0.117***
カンボジア	0.984***	1.630***	0.653***	-0.262***	0.454**	1.118***	0.553***
ω					2.366***	2.279***	1.061**
観測数	1,888	1,888	1,888	1,888	1,908	1,908	1,908
調整済み決定係数	0.755	0.778	0.979	0.868			
固定効果	なし	年	年＋国	年＋国	なし	年	年＋国

*** p<0.01, ** p<0.05, * p<0.1

出所：本文記載のデータより筆者作成

第8章

結論

　本書では財務省貿易統計を用い，日本のFTAが輸出入に与える影響を分析した．近年グラビティモデルの推定で提示されるようになった論点に配慮した推定を行い，さらに月次貿易額や部門別貿易額を利用した分析，貿易品目数・貿易財価格を対象とする分析に取り組んだ．各章の内容と主な分析結果をここでいま一度整理しておきたい．

　第2章では，日本のFTAの特徴を協定ごとにまとめ，日本やFTA相手国の関税データを利用して関税構造を明らかにした．日本は農水産品や飲食料品，皮革・毛皮製品，履物・帽子などといった部門を高い関税によって保護しており，これらの部門はFTAでもほとんど開放されていないことが明らかになった．ただし，相手国によって若干の差異はあるといえる．また，FTA締結国の関税構造は相手国ごとに大きく異なっており，さらに相手国がMFNレベルで関税を引き下げている場合もあるため，年ごとにも特恵マージンは異なる．

　第3章では，財務省貿易統計によって日本の貿易の変遷を明らかにした．FTA締結国との貿易額は増加しているが，対世界での貿易額も金融危機時を除いておおむね増加しており，FTA発効との関係は明らかとはいえない．また，部門別にみると，ASEANの主要国への輸出は電気機械が多いが，電気機械の輸出額は減少傾向にある．ASEAN内の低所得国や中南米の国々に対しては輸送機器が主な輸出部門であった．輸入の中心は石油を代表とする鉱物やその他の資源だが，機械類や繊維製品の産業内貿易もみられる．

　第4章ではFTAに関する先行研究のサーベイを行った．世界全体を対象とする分析では，FTAに大きな貿易創出効果があることが明らかとなっている．ただし，効果は協定ごとに大きく異なっており，質が低いとされる日本

165

のFTAが貿易を増加させているかどうかは検討の余地がある．しかし，日本を対象とするこれまでの分析では，対象範囲や手法面で不十分な点があり，改善の余地があるといえる．また，貿易の外延などの分析はほとんど行われていない．

　本書の分析で前提とされるフレームワークは第5章で示した．グラビティモデルは古くから貿易論における実証研究で用いられているが，理論的な基礎づけには様々な方法があり，前提とするモデルによって係数の解釈が異なる．また，近年には貿易の外延や貿易財価格との関係も分析されている．

　第6章は推定方法を示した．グラビティモデルは理論だけでなく推定の手法も発展しており，相手国の固定効果を考慮したうえでPPMLを用いるのが望ましいといえる．また，月次貿易額の推定ではFTAの動学的効果を明らかにする方法を示し，部門別貿易額では相手国ごとの部門構成や部門特殊ショックを考慮した推定の方法を示した．

　第7章は推定の結果であり，本書の最も重要な部分を成している．年次の貿易総額を用いた推定によると，FTAの発効による貿易額の増加は限定的だが影響は相手国によって異なり，ASEAN内の低所得国や中南米の国々とのFTAでは大きな貿易創出効果がみられた．また，月次貿易額の推定の結果は輸出と輸入で異なっている点が特徴的であり，FTAが輸出額に与える影響は発効からある程度の期間増加するのに対し，輸入額への影響は発効時点で生じている．

　部門別貿易額の推定では，貿易部門構成と部門特殊ショックがFTAの影響として現れている可能性があることが明らかとなった．また，FTAの貿易創出効果が認められる相手国の多くに対しては，機械類などの輸出額が増加しているが，他の部門からの輸出額が大きく増加している国もある．また，保護された部門でも，FTAで関税を大きく削減した国からの輸入額は増加している．

　貿易品目数の推定からは，FTAが貿易品目数の拡大に寄与していないことが明らかとなった．この結果は直観に反するだけでなく新々貿易理論と非整合的である．また，貿易財価格の推定からは，FTA発効後の貿易額の変化は貿易財の数量から説明され，貿易財価格は逆の動きをしていることが明らか

第8章 結論

となった．これは理論からは品質競争の結果として解釈できる．

　本書の主要な分析結果として，輸出入ともにFTAが貿易額に与える影響
は限定的だが，相手国によって効果は大きく異なることがあげられる．特に，
南米諸国やASEAN内の低所得国など，発効前まで相対的に貿易額の小さ
かった国とのFTAにはある程度の貿易創出効果がみられる．これは日本の
通商戦略上重要な含意を持つ結果である．日本はメガFTAの交渉を進める
ことでアメリカや中国など，主要な貿易相手国との貿易拡大を目指してお
り，メガFTAが経済統合に及ぼす影響の総合的な重要性は否定できないが，
貿易の拡大という観点からは，交渉に費やす莫大なコストに見合うほどの成
果を得られない可能性がある．貿易の拡大をFTAの主たる目的とするなら
ば，メガFTAの交渉を進めるかたわら，貿易額が比較的小さい国々との二
国間FTA交渉を同時並行的に進めるのが望ましいのではないだろうか．そ
うした国との交渉は政治的なコストが比較的小さく，FTAのパフォーマンス
は高いと考えられる．もちろん二国間FTAの場合には貿易転換効果が大き
な問題になりうる点には十分注意すべきであり，貿易創出効果のみならず貿
易転換効果にもFTAによって大きな違いがあるかどうかは今後検証すべき
課題である．

　本書では日本のFTAの包括的な評価を目指して数多くの分析を行ったが，
予想に合致しない結果が得られたものも少なくなかった．日本のFTAに関
する研究は，むしろ端緒についたばかりであるといわざるを得ない．国際経
済の激動期における通商政策の重要性は日々増しており，その方向性に指針
を与える分析は，社会的に強く要請されているといえよう．今後この分野に
関する研究の蓄積が進んでいくことを願いつつ，この辺りで筆をおくことと
したい．

167

参考文献

浦田秀次郎・安藤光代「自由貿易協定（FTA）の経済的効果に関する研究」RIETI Policy Discussion Paper, 10-P-022, 独立行政法人経済産業研究所，（2010）

浦田秀次郎・早川和伸「日本の輸入における経済連携協定の利用状況」貿易と関税 63.8（2015）: 4-18.

Abrams, R. K.（1980）"International Trade Flows under Flexible Exchange Rates." *Economic Review* 65（3）, 3-10.

Aitken, N. D.（1973）"The Effect of the EEC and EFTA on European Trade: A Temporal Cross-Section Analysis." *American Economic Review* 63（5）, 881-892.

Anderson, J. E.（1979）"A Theoretical Foundation for the Gravity Equation." *American Economic Review* 69（1）, 106-16.

Anderson, J. E.（2011）"The Gravity Model." *Annual Review of Economics* 3, 133-160.

Anderson, J. E., And E. Van Wincoop.（2003）"Gravity With Gravitas: A Solution to the Border Puzzle." *American Economic Review* 93（1）, 170-192.

Anderson, J. E., And E. Van Wincoop.（2004）"Trade Costs." *Journal of Economic Literature* 42（3）, 691-751.

Ando, M., and S. Urata.（2011）"Impacts of the Japan-Mexico EPA on Bilateral Trade." *RIETI Discussion Paper*, 11-E-020.

Ando, M., and S. Urata.（2015）"Impacts of Japan's FTAs on Trade: The Cases of FTAs with Malaysia, Thailand, and Indonesia." *RIETI Discussion Paper*, 15-E-104.

Arkolakis, C.（2010）"Market Penetration Costs and the New Consumers Margin in International Trade." *Journal of Political Economy* 118（6）, 1151-1199.

Bagwell, K., and R. Staiger.（2010）"The World Trade Organization: Theory and Practice." *Annual Review of Economics* 2, 223-256.

Baier, S. L., and J. H. Bergstrand.（2001）"The Growth of World Trade: Tariffs, Transport Costs, and Income Similarity." *Journal of International Economics* 53（1）, 1-27.

Baier, S. L., and J. H. Bergstrand.（2004）"Economic Determinants of Free Trade Agreements." *Journal of International Economics* 64（1）, 29-63.

Baier, S. L., and J. H. Bergstrand.（2007）"Do Free Trade Agreements Actually Increase Members' International Trade?" *Journal of International Economics* 71（1）, 72-95.

Baier, S. L., and J. H. Bergstrand.（2009）"Estimating the Effects of Free Trade Agreements on International Trade Flows Using Matching Econometrics." *Journal of International Economics* 77（1）, 63-76.

Baier, S. L., J. H. Bergstrand, and M. Feng.（2014）"Economic Integration Agreements and the

Margins of International Trade." *Journal of International Economics* 93(2), 339-350.

Baier, S. L., J. H. Bergstrand, P. Egger, and P. A. McLaughlin. (2008) "Do Economic Integration Agreements Actually Work? Issues in Understanding the Causes and Consequences of the Growth of Regionalism." *World Economy* 31(4), 461-497.

Baier, S. L., J. H. Bergstrand, and R. Mariutto. (2014) "Economic Determinants of Free Trade Agreements Revisited: Distinguishing Sources of Interdependence." *Review of International Economics* 22(1), 31-58.

Baldwin, R. (2016) "The World Trade Organization and the Future of Multilateralism." *Journal of Economic Perspectives* 30(1), 95-115.

Baldwin, R., and J. Harrigan. (2011) "Zeros, Quality, and Space: Trade Theory and Trade Evidence." *American Economic Journal: Microeconomics* 3(2), 60-88.

Baldwin, R. E., and T. Ito. (2011) "Quality Competition versus Price Competition Goods: An Empirical Classification." *Journal of Economic Integration* 26(1), 110-135.

Balistreri, E. J., and T. F. Rutherford. (2013) "Computing General Equilibrium Theories of Monopolistic Competition and Heterogeneous Firms." *Handbook of Computable General Equilibrium Modeling* 1, 1513-1570.

Bastos, P., and J. Silva. (2010) "The Quality of a Firm's Exports: Where You Export to Matters." *Journal of International Economics* 82(2), 99-111.

Bergstrand, J. H., P. Egger, and M. Larch. (2013) "Gravity Redux: Estimation of Gravity-Equation Coefficients, Elasticities of Substitution, and General Equilibrium Comparative Statics under Asymmetric Bilateral Trade Costs." *Journal of International Economics* 89(1) 110-121.

Bernard, A. B., and J. B. Jensen. (1995) "Exporters, Jobs, and Wages in US Manufacturing: 1976-1987." *Brookings Papers on Economic Activity. Microeconomics*, 67-119.

Bernard, A. B., and J. B. Jensen. (1999) "Exceptional Exporter Performance: Cause, Effect, or Both?" *Journal of International Economics* 47(1), 1-25.

Bernard, A. B., and J. B. Jensen. (2004) "Why Some Firms Export." *Review of Economics and Statistics* 86(2), 561-569.

Bernard, A. B., Jensen, J. B., Redding, S. J., and Schott, P. K. (2007) "Firms in International Trade." *Journal of Economic Perspectives* 21(3), 105-130.

Brada, J. C., and J. A. Méndez. (1985) "Economic Integration Among Developed, Developing and Centrally Planned Economies: A Comparative Analysis." *Review of Economics and Statistics* 67(4), 549-556.

Buono, I., and G. Lalanne. (2012) "The Effect of the Uruguay Round on the Intensive and Extensive Margins of Trade." *Journal of International Economics* 86(2), 269-283.

Caliendo, L., and F. Parro. (2015) "Estimates of the Trade and Welfare Effects of NAFTA." *Review of Economic Studies* 82(1), 1-44.

Caporale, G. M., C. Rault, R. Sova, and A. Sova. (2009) "On the Bilateral Trade Effects of Free Trade Agreements between the EU-15 and the CEEC-4 Countries." *Review of World Economics* 145(2), 189-206.

Cardamone, P. (2011) "The Effect of Preferential Trade Agreements on Monthly Fruit Exports to the European Union." *European Review of Agricultural Economics* 38(4), 553-586.

Carrere, C. (2006) "Revisiting the Effects of Regional Trade Agreements on Trade Flows with Proper Specification of the Gravity Model." *European Economic Review* 50(2), 223-247.

Chaney, T. (2008) "Distorted Gravity: the Intensive and Extensive Margins of International Trade." *American Economic Review* 98(4), 1707-1721.

Chang, P.-L., and M.-J. Lee. (2011) "The WTO Trade Effect." *Journal of International Economics* 85(1), 53-71.

Cipollina, M., and L. Salvatici. (2010) "Reciprocal Trade Agreements in Gravity Models: A Meta-Analysis." *Review of International Economics* 18(1), 63-80.

Clausing, K. A. (2001) "Trade Creation and Trade Diversion in the Canada-United States Free Trade Agreement." *Canadian Journal of Economics* 34(3), 677-696.

Clerides, S. Lach, and J. Tybout. (1998) "Is Learning by Exporting Important." *Quarterly Journal of Economics* 113(3), 903-947.

Deardorff, A. (1998) "Determinants of Bilateral Trade: Does Gravity Work in a Neoclassical World?" In J. A. Frankel, ed. *The Regionalization of the World Economy*, Chicago, University of Chicago Press, 7-32.

Debaere, P., and S. Mostashari. (2010) "Do Tariffs Matter for the Extensive Margin of International Trade? An Empirical Analysis." *Journal of International Economics* 81(2), 163-169.

Dutt, P., I. Mihov, and T. Van Zandt. (2013) "The Effect of WTO on the Extensive and the Intensive Margins of Trade." *Journal of International Economics* 91(2), 204-219.

Eaton, J., and S. Kortum. (2002) "Technology, Geography, and Trade." *Econometrica* 70(5), 1741-1779.

Egger, H., P. Egger, and D. Greenaway. (2008) "The Trade Structure Effects of Endogenous Regional Trade Agreements." *Journal of International Economics* 74(2), 278-298.

Egger, P., and M. Larch. (2008) "Interdependent Preferential Trade Agreement Memberships: An Empirical Analysis." *Journal of International Economics* 76(2), 384-399.

Egger, P., and M. Larch. (2011) "An Assessment of the Europe Agreements' Effects on Bilateral Trade, GDP, and Welfare." *European Economic Review* 55(2), 263-279.

Egger, P., M. Larch, K. E. Staub, and R. Winkelmann. (2011) "The Trade Effects of Endogenous Preferential Trade Agreements." *American Economic Journal: Economic Policy* 3(3), 113-143.

Eicher, T. S., and C. Henn. (2011) "In Search of WTO Trade Effects: Preferential Trade Agreements Promote Trade Strongly, But Unevenly." *Journal of International Economics* 83(2), 137–153.

Eicher, T. S., C. Henn, and C. Papageorgiou. (2012) "Trade Creation and Diversion Revisited: Accounting for Model Uncertainty and Natural Trading Partner Effects." *Journal of Applied Econometrics* 27(2), 296–321.

Endoh, M. (1999) "Trade Creation and Trade Diversion in the EEC, the LAFTA and the CMEA: 1960–1994." *Applied Economics* 31(2), 207–216.

Endoh, M. (2000) "The Transition of Postwar Asia-Pacific Trade Relations." *Journal of Asian Economics* 10(4), 571–589.

Feenstra, R. C. (2002) "Border Effects and the Gravity Equation: Consistent Methods for Estimation." *Scottish Journal of Political Economy* 49(5), 491–506.

Fieler, A. C. (2011) "Nonhomotheticity and Bilateral Trade: Evidence and a Quantitative Explanation." *Econometrica* 79(4), 1069–1101.

Florensa, L. M., L. Márquez-Ramos, and M. L. Recalde. (2015) "The Effect of Economic Integration and Institutional Quality of Trade Agreements on Trade Margins: Evidence for Latin America." *Review of World Economics* 151(2), 329–351.

Frankel, J. A. (1997) "*Regional Trading Blocs in the World Economic System.*" Washington, DC, Peterson Institute.

Fukao, K., T. Okubo, and R. M. Stern. (2003) "An Econometric Analysis of Trade Diversion under NAFTA." *North American Journal of Economics and Finance* 14(1), 3–24.

Ghosh, S., and S. Yamarik. (2004a) "Are Regional Trading Arrangements Trade Creating?: An Application of Extreme Bounds Analysis." *Journal of International Economics* 63(2), 369–395.

Ghosh, S., and S. Yamarik. (2004) "Does Trade Creation Measure Up? A Reexamination of the Effects of Regional Trading Arrangements." *Economics Letters* 82(2), 213–219.

Glick, R., and A. K. Rose. (2016) "Currency Unions and Trade: A Post-EMU Reassessment." *European Economic Review* 87, 78–91.

Hakobyan, S., and J. McLaren. (2016) "Looking for Local Labor-Market Effects of NAFTA." *Review of Economics and Statistics* 98(4), 728–741.

Hallak, J. C. (2006) "Product Quality and the Direction of Trade." *Journal of International Economics* 68(1), 238–265.

Hannan, S. A. (2016) "The Impact of Trade Agreements: New Approach, New Insights", *IMF Working Paper*, WP/16/117.

Harrigan, J., X. Ma, and V. Shlychkov. (2015) "Export Prices of US Firms." *Journal of International Economics* 97(1), 100–111.

Head, K. and T. Mayer. (2014) "Gravity Equations: Workhorse, Toolkit, and Cookbook."

Handbook of International Economics 4, 131-195.

Helpman, E., M. Melitz, and Y. Rubinstein. (2008) "Estimating Trade Flows: Trading Partners and Trading Volumes." *Quarterly Journal of Economics* 123(2), 441-487.

Hummels, D., and P. J. Klenow. (2005) "The Variety and Quality of a Nation's Exports." *American Economic Review* 95(3), 704-723.

Jugurnath, B., M. Stewart, and R. Brooks. (2007) "Asia/Pacific Regional Trade Agreements: An Empirical Study." *Journal of Asian Economics* 6(18), 974-987.

Kehoe, T. J., and K. J. Ruhl. (2013) "How Important Is the New Goods Margin in International Trade?." *Journal of Political Economy* 121(2), 358-392.

Khandelwal, A. (2010) "The Long and Short (of) Quality Ladders." *Review of Economic Studies* 77(4), 1450-1476.

Kien, N. T. (2009) "Gravity Model by Panel Data Approach: An Empirical Application with Implications for the ASEAN Free Trade Area." *ASEAN Economic Bulletin* 26(3), 266-277.

Kohl, T. (2014) "Do We Really Know That Trade Agreements Increase Trade?." *Review of World Economics* 150(3), 443-469.

Kohl, T, and S. Trojanowska. (2015) "Heterogeneous Trade Agreements, WTO Membership and International Trade: An Analysis Using Matching Econometrics." *Applied Economics* 47(33), 3499-3509.

Krueger, A. O. (2000) "NAFTA's Effects: A Preliminary Assessment." *World Economy* 23(6), 761-775.

Krugman, P. R. (1979) "Increasing Returns, Monopolistic Competition, and International Trade." *Journal of International Economics* 9(4), 469-479.

Krugman, P. R. (1980) "Scale Economies, Product Differentiation, and the Pattern of Trade." *American Economic Review* 70(5), 950-959.

Kuno, A., S. Urata, and K. Yokota. (2016) "Estimating the Impacts of FTA on Foreign Trade: An Analysis of Extensive and Intensive Trade Margins for the Japan-Mexico FTA," *RIETI Discussion Paper*, 16-E-003.

Johnson, R. C. (2012) "Trade and Prices with Heterogeneous Firms." *Journal of International Economics* 86(1), 43-56.

Magee, C. S. (2008) "New Measures of Trade Creation and Trade Diversion." *Journal of International Economics* 75(2), 349-362.

Magee, C. S. (2016) "Trade Creation, Trade Diversion, and the General Equilibrium Effects of Regional Trade Agreements: A Study of the European Community-Turkey Customs Union." *Review of World Economics* 152(2), 383-399.

Manova, K., and Z. Zhang. (2012) "Export Prices across Firms and Destinations." *Quarterly Journal of Economics* 127(1), 379-436.

Martin, J. (2012) "Markups, Quality, and Transport Costs." *European Economic Review* 56(4), 777–791.

Medvedev, D. (2012) "Beyond Trade: The Impact of Preferential Trade Agreements on FDI Inflows." *World Development* 40(1), 49–61.

Melitz, M. J. (2003) "The Impact of Trade on Intra-Industry Reallocations and Aggregate Industry Productivity." *Econometrica* 71(6), 1695–1725.

Melitz, M. J., and G. I. P. Ottaviano. (2008) "Market Size, Trade, and Productivity." *Review of Economic Studies* 75(1), 295–316.

Melitz, M. J., and S. J. Redding. (2014) "Heterogeneous Firms and Trade." *Handbook of International Economics* 4, 1–54.

Okabe, M. (2015) "Impact of Free Trade Agreements on Trade in East Asia." *ERIA Discussion Paper*.

Okabe, M., and S. Urata. (2014) "The Impact of AFTA on Intra-AFTA Trade." *Journal of Asian Economics* 35, 12–31.

Ottaviano, G. I. P., T. Tabuchi, and J.-F. Thisse. (2002) "Agglomeration and Trade Revisited." *International Economic Review* 43(2), 409–436.

Papke, L. E., and J. M. Wooldridge. (1996) "Econometric Methods for Fractional Response Variables With an Application to 401 (k) Plan Participation Rates." *Journal of Applied Econometrics* 11(6), 619–632.

Parra, M. D., I. Martinez-Zarzoso, and C. Suárez-Burguet. (2016) "The Impact of FTAs on MENA Trade in Agricultural and Industrial Products." *Applied Economics* 48(25), 2341–2353.

Pavcnik, N. (2002) "Trade Liberalization, Exit, and Productivity Improvements: Evidence from Chilean Plants." *Review of Economic Studies* 69(1), 245–276.

Pöyhönen, P. (1963) "A Tentative Model for the Volume of Trade Between Countries." *Weltwirtschaftliches Archiv* 90, 93–100.

Romalis, J. (2007) "NAFTA's and CUSFTA's Impact on International Trade." *Review of Economics and Statistics* 89(3), 416–435.

Rose, A. K. (2004) "Do We Really Know That the WTO Increases Trade?" *American Economic Review* 94(1), 98–114.

Rose, A. K. (2007) "Do We Really Know That the WTO Increases Trade? Reply." *American Economic Review* 97(5), 2019–2025.

Santos Silva, J. M. C., and S. Tenreyro. (2006) "The Log of Gravity." *Review of Economics and Statistics* 88(4), 641–658.

Santos Silva, J. M. C., and S. Tenreyro. (2010) "Currency Unions in Prospect and Retrospect." *Annual Review of Economics* 2, 51–74.

Santos Silva, J. M. C, S. Tenreyro, and K. Wei. (2014) "Estimating the Extensive Margin of

Trade." *Journal of International Economics* 93(1), 67–75.

Schott, P. K. (2004) "Across-Product versus Within-Product Specialization in International Trade." *Quarterly Journal of Economics* 119(2), 647–678.

Subramanian, A., and S.-J. Wei. (2007) "The WTO Promotes Trade, Strongly But Unevenly." *Journal of International Economics* 72(1), 151–175.

Tinbergen, J. (1962) *"Shaping the World Economy; Suggestions for an International Economic Policy."* New York, Twentieth Century Fund.

Tomz, M., J. L. Goldstein, and D. Rivers. (2007) "Do We Really Know That the WTO Increases Trade? Comment." *American Economic Review* 97(5), 2005–2018.

Trefler, D. (2004) "The Long and Short of the Canada-US Free Trade Agreement." *American Economic Review* 94(4), 870–895.

Urata, S., and M. Okabe. (2014) "Trade Creation and Diversion Effects of Regional Trade Agreements: A Product-level Analysis." *World Economy* 37(2), 267–289.

Verhoogen, E. A. (2008) "Trade, Quality Upgrading, and Wage Inequality in the Mexican Manufacturing Sector." *Quarterly Journal of Economics* 123(2), 489–530.

Vicard, V. (2009) "On Trade Creation and Regional Trade Agreements: Does Depth Matter?" *Review of World Economics* 145(2), 167–187.

Vicard, V. (2011) "Determinants of Successful Regional Trade Agreements." *Economics Letters* 111(3), 188–190.

Yang, S., and I. Martinez-Zarzoso. (2014) "A Panel Data Analysis of Trade Creation and Trade Diversion Effects: The Case of ASEAN–China Free Trade Area." *China Economic Review* 29, 138–151.

著者紹介

山ノ内　健太

2011年　慶應義塾大学商学部卒業
2014年　慶應義塾大学大学院経済学研究科前期博士課程修了
現在　　慶應義塾大学大学院経済学研究科後期博士課程在籍
　　　　元・三菱経済研究所研究員

日本の自由貿易協定（FTA）の
貿易創出効果

2017 年 3 月 15 日印刷
2017 年 3 月 21 日発行

定価　本体 2,800 円＋税

著　者　　山ノ内　健太

発行所　　公益財団法人　三菱経済研究所
　　　　　東京都文京区湯島 4-10-14
　　　　　〒 113-0034 電話 (03)5802-8670

印刷所　　株式会社　国際文献社
　　　　　東京都新宿区高田馬場 3-8-8
　　　　　〒 169-0075 電話 (03)3362-9741 ～ 4

ISBN 978-4-943852-61-2